고호경교수가 들려주는

학부모와 학생을 위한

수학 학습 심리 이야기

고호경 지음

KYOWOO

머리말

수학은 우리나라 학생들 대부분이 가장 중요하다고 생각하고 있으며 가장 많은 시간을 들여 공부하고 있다. 또한 많은 학생들이 수학은 노력하면 잘할 수 있을 거라고 믿고 있으며 수학에 대해 높은 기대도 가지고 있기도 하다. 그러나 동시에 많은 학생들이 수학 학습에 큰 어려움을 겪고 있으며 수학에 대한 높은 심리적 벽을 함께 가지고 있는 것이 현실이다. 최근에 이른바 '수학을 포기한 사람'이란 뜻의 '수포자'라는 신용어가 세간에 퍼지면서 사회문제로 대두된 바도 있다. 수학에 대한 일반적인 노력의 정도와 기대감과는 다르게 이처럼 학생들이 수학을 기피하는 이유가 무엇일까?

수학 학습에 대한 많은 연구 결과에서는 그 이유를 학생의 부족한 재능 등의 선천적인 요인 보다는 잘못된 공부 습관이나 방법, 환경 등에 기인한 것이라고 말한다. 수학교과는 수학이라는 학문이 가지고 있는 특성에 따라 그 학습 방법을 다르게 해야 하는데, 정형화된 문제를 근면 성실하게 연습하는 방식 등의 수학의 근본적인 특성을 반영하지 못한 방법으로 공부한 결과라는 것이다. 게다가 수학에 대한 부정적인 경험 등으로 인해 수학에 자신감을 잃음으로써 심리적인 이유로 인해 더욱 수학 학습에 어려움을 겪는 경우도 많다는 것이다.

그렇다면 수학을 어려워하는 아이들을 어떻게 도울 것인가?

이 책을 통해 이야기 하고 싶은 내용 중 가장 중요한 것은, 수학에 대하여 학생이나 학부모들이 가지고 있는 잘못된 인식을 바꾸지 않는

한 수학을 어려워하는 아이의 수학 학습에 대한 변화를 기대하기 어렵다는 것이다. 수학은 제4차 산업혁명의 지능정보사회를 앞두고 미래인재양성을 위한 역량을 키워주는 교과이고 이에 따라 앞으로의 학교 교육에서도 많은 변화가 예견되고 있다. 학생들이 단순히 암기나 숙련된 반복 경험을 통해 문제를 해결하는 것이 아니라 수학적 사고력을 바탕으로 통찰력을 발휘할 수 있도록 교육의 방향이 변화할 것이다.

미래사회를 대비하는 학습자들은 이러한 변화하는 환경의 요구에 잘 부응할 수 있어야 하는데 기존의 잘못된 학습에 대한 인식과 학습 방법을 고수하는 아이는 더욱 적응하기 어려워질 것이다.

또한 수학을 어려워하는 아이들을 돕기 위해서는 인지적인 측면뿐만 아니라 아이의 감성적인 측면을 고려해야 한다. 즉, 수학을 어려워하는 아이들을 인지적인 측면 즉. 수학의 내용적인 측면에서 아이에게 필요한 내용을 선별하여 접근하는 것은 매우 중요하지만 이와 더불어 감성적인 접근도 함께 이루어져야 한다. 수학 학습에서 발생하는 여러 가지 문제를 아이들의 심리, 정서, 경험, 교우관계나 부모와의 관계 등 다양한 관점에서 해결책을 찾으려는 노력을 기울여야 한다.

물론 이와 같은 모든 접근 방법에서의 기본적인 전제조건은 어떠한 아이에 대해서도 일반적인 방법의 접근이 아니라 아이 개개인의 개별 특성을 고려한 접근 방법이어야 한다는 것이다. 아이의 인지적인 특성은 어떠한지를 파악하고, 학습 습관이나 방법, 아이의 흥미와 관심을 고려하여 학습 방법이나 전략을 구안해야 한다.

이 책은 'YTN 수다학'에서 제기된 수학 학습 상담 내용을 필자가 해답으로 제시한 내용과 개별 수학 학습 클리닉에 제기된 사례를 통해 수학 학습 방법에 대한 심리적인 방안을 제기하였다. 이에 대한 내용으로는 학생 개개인의 지원에 초점을 두고 1. 수학에 대한 효능감 향상 2. 수학에 대한 두려움 극복 3. 수학 학습에 대한 자기 조절학습 능력 향상 4. 수학 교과 특성에 따른 수학 학습 방법으로 접근하였다.

이러한 내용이 아이에게 도움을 주려는 학부모님들 뿐 아니라 수학 수업을 담당하는 선생님들께도 도움이 될 수 있기를 기대한다.

고 호 경

차례

ZONE 01 수학 머리 따로 있을까

ZONE 02 수학이 나를 괴롭혀

ZONE 01

수학 머리 따로 있을까?

본 장에서는 수학 학습 상담에서 가장 많이 다루고 있는 내용에 대하여 이야기 한다. 먼저, 수학 학습 정의적 영역에서 가장 중요한 효능감과 수학 불안 그리고 수학을 포기하게 만드는 원인을 짚어 본다. 마지막 절은 이 모든 것에 가장 영향을 주는 부모의 역할이다.

수학 학습 효능감

수학 학습에 대한 효능감은 '자신이 수학을 할 수 있는 실제 능력'이 아니라 '자신이 수학을 할 수 있다고 생각하는 믿음'이다. 이는 자신감과 비슷한 의미로 받아들일 수 있는 것이기도 하지만, 엄밀하게 표현하면 수학 학습 활동에서 성공이나 실패 같은 경험을 통해 발달한 특수한 자기 개념이라 볼 수 있다. 따라서 수학에 대한 자신의 실제 능력과 효능감이 일치할 수도 있지만 일치하지 않을 수도 있다.

그러나 일반적으로 학습활동을 하는데 있어서는 자신의 실제 능력보다 약간 높은 효능감을 가질 수 있도록 지도하는 것이 좋다. 더욱이 수학 학습 자기 효능감이 주는 효과는 시간이 지날수록 더욱 커져서 고등학교 때 더 큰 영향을 미치게 되므로 학생들의 수학 학습 효능감을 높여주는 것은 무엇보다 중요하다.

따라서 우리는 아이들에게 수학은 누구라도 잘할 수 있다는 생각을 갖도록 해주어야 한다. 스스로를 수학 머리가 없다고 생각하는 아이들이 '엄마 아빠도 수학을 못했다'거나 자신이 우상화하는 사람들로부터 '자신도 수학을 못한다'는 말을 듣는 것은 다소 위로는 될지 모르겠으나 수학 학습 효능감을 키우는데 전혀 도움이 되지 못한다.

어려운 문제를 대할 때의 심리

'수학이 왜 싫지?'라고 질문하면 많은 아이들이 '재미없어서'라고 대답한다. 재미없다는 것은 정말 수학 내용이 흥미 있는 내용이 아닌 재미없는 내용이라는 말일까? 물론 그럴 수도 있다. 하지만 아이들한테 수학이 재미없다는 것은 '수학문제가 어렵다.' 또는 '수학에 자신이 없다.'는 것과 동일 선상에 있는 감정이 뒷받침된 말일 수 있다.

도저히 풀 수 없을 것 같은 어려운 문제를 만났을 때 아이들이 갖는 감정은 무엇일까? 어렵고 도저히 문제가 안 풀릴 때는 슬프거나 우울하거나 좌절감 같은 감정을 느낄 수도 있다. 문제가 안 풀리면 짜증나고, 기껏 풀었는데 틀렸거나, 남들은 다 풀고 있는데 나만 못 풀고 있는 것 같아서 처음에는 위축감이 들 것이다. '왜 나만 못 풀까?' 하는 생각을 반복하다보면 결국엔 좌절감을 느끼고 우울해지기도 한다.

게다가 본인은 한답시고 했는데 결과는 생각만큼 나오지 않고, 부모님은 실망하시거나 잔소리를 하시고, 이러한 상황이 반복되면 문제를 '수학' 자체로 돌리고 싶은 심리가 작용하는 것이다. 수학 자체가 재미가 없어서라고. 결국 '재미없다'라는 복합적인 의미의 말로 표현했던 것일 수 있다.

이러한 복잡한 심리를 고려하지 않고 단어 그대로 해석해서 '재미없다'를 수학이 재미있는 상황으로 바꿔주기 위하여 흥미 있는 만화나 게임 등의 요소만을 수학 학습에 넣는다고 해결될까? 물론 그러한 요소를 넣어 주는 것도 필요하겠지만 사실 가장 중요한 것은 아이들의 바탕이 된 감정과 이러한 감정을 만들어 낸 상황을 개선해 주는 것이 필요하다. 이것을 어떻게 해줄 수 있을까? 어떤 수학 공부를 하든지 간에 그 안에서 본인의 가능성을 스스로 발견하고 주위 사람들로부터 이 가능성을 인정받을 수 있는 상황에 접할 수 있도록 만들어 주는 것이 근본적인 해결책이라 할 수 있다.

사실 아이들에게 수학 때문에 가장 행복했던 순간이 언제냐고 묻는다면 '문제를 스스로 풀었을 때'이고 또 이로 인해 인정받았을 때라고 대답한다.

성취경험을 높여라

아이들에게 자신의 수준에 맞지 않는 어려운 문제만을 풀도록 요구하는 상황은 당연히 좋은 방법이 아닐 것이다. 그렇다고 해서 아이들이 자기가 풀 수 있는 수준의 문제만을 푼다고 성취경험이 높아지는 것도 아니다. 성취경험은 자기가 처음에는 할 수 없다고 생각하거나 좀 어렵다고 생각했던 것을 해 냈을 때 느끼게 된다. 그렇다면 어느 정도 수준의 문제를 푸는 게 좋을까? 아이들마다 차이는 있겠지만, 100% 풀 수 있는 문제라기보다는 풀 확률이 50% 정도 되는 문제를 풀어 나가면서 문제 수준에 대한 적응력과 성취경험을 늘리는 것이 좋다.

또한 초등학생인 경우 자신이 못 풀 것 같은 문제를 풀었을 때는 부모님이 그 노력과 아이디어를 칭찬해주고 인정해 준다면 그 경험의 의미가 훨씬 더 커질 수 있다.

성취경험을 높이기 위한 목표 설정은?

첫째, 아이들은 평가나 시험을 통해서 성공을 경험할 수 있도록 이에 대한 적절한 목표를 설정하는 것이 중요하다. 따라서 아이들의 평소 수학 성적보다 지나치게 높은 목표를 설정하지 않도록 한다. 예를 들어, 평소 점수가 40점 정도인 아이에게 80점이라는 목표를 세우고 도전하도록 한다면 아무래도 이를 성공시키기는 힘들다. 이보다는 처음에는 45점, 그리고 난 후 50점, 60점, 70점과 같이 점차 목표를 높이면서 성공을 경험 해 나가도록 하면서 최종적으로 80점까지도 도달할 수 있도록 이끌어야 할 것이다.

둘째, 자신이 이룬 성공이 자신의 힘으로 이룬 것이란 점을 확인시켜 주어야 한다. 노력하면 수학을 잘 할 수 있는 능력이 있다는 것을 인식하고 있는지 확인하고, 이 점을 확실하게 해 주어야 한다. 자신은 목표를 향해 노력할 수 있는 능력도 있고 또한, 노력을 통해 어떤 성취를 이루어낸 것도 그것을 할 수 있는 능력이 본인에게 있었기 때문이라는 것을 인지할 수 있어야한다. 이 점을 분명히 하지 않으면 성공을 하고도 여전히 효능감이 낮은 상태에 머물 수도 있다.

어떨 때 성취감을 느낄까?

성취경험을 느낄 수 있는 상황은 아이들마다 다양하게 나타난다. 그러나 무엇보다도 수학 성적이 올랐을 때 성취감을 느낀다는 대답이 초 · 중 · 고 학생 모두에게 가장 많은 대답이다. 아무래도 학생들에게는 수학 성적이 자신의 능력을 평가하는 잣대로 작용하기 때문에 성적으로 인한 성취감이 가장 큰 것은 당연한 일일 것이다.

그러나 그 외의 대답도 주목할 만하다. 초등학생인 경우 부모님이 기뻐하셨을 때, 못 풀었던 문제를 풀었을 때, 문제집 한 권을 다 풀었을 때가 다음 순위를 차지한다. 초등학생의 경우 부모의 영향을 많이 받는 시기인 만큼 아이의 성취에 반응하고 이를 기뻐해주면 아이들은 자신이 한 일에 대하여 더 큰 의미를 부여하고 성취감을 높일 수 있을 것이다. 또한 여기서 눈여겨봐야 할 것 중 하나가 문제집 한 권을 다 풀었을 때 학생들이 성취감을 느낀다는 것이다. 아이들이 인내력과 계획을 가지고 접근하지 않으면 문제집 한 권을 다 끝내는 것은 쉬운 일은 아니겠으나 막상 끝내고 나면 아이들은 이 행위에 대한 만족감과 성취감이 크다는 것을 알 수 있다. 그렇다면 여러 권의 문제집을 가지고 필요한 문제를 선별해서 풀게 하는 것도 때로 필요하지만, 성취감을 느낄 수 있도록 문제집 한 권을 모두 끝낼 수 있도록 유도하는 것이 좋은 전략이 될 수 있다.

그 외에도 '모르는 친구에게 알려줄 수 있을 때', '수학 관련 대회에서 상을 받았을 때', '내가 배운 내용을 실생활에 활용했을 때' 또는 '수학 체험활동에서 성공적인 작품을 만들었을 때'도 느낀다고 한다.

따라서 우리는 아이마다 다양하게 느낄 수 있는 성공경험의 환경을 만들어 주기 위하여 친구들과 협력하여 문제를 푸는 기회도 제공해주고, 또한 수학 경시대회가 아니더라도 다양한 대회를 통해 여러 방면에서의 재능을 발굴하여 상을 주고 인정해주는 기회를 만들어야 할 것이다.

중학생부터는 학습에서의 성공 경험으로 인해 스스로 성취감을 획득하는 경향이 나타나는데, 이는 고등학생으로 올라갈수록 그 경향이 훨씬 강하다. 고등학생으로 올라갈수록 수학에 대한 성취감에 영향을 주는 요인이나 상황이 초등학생 때 강하게 보였던 부모의 영향으로부터 멀어지는 대신에 자기 스스로 자신감을 얻게 되거나 친구의 영향이 강해지는 경향을 보인다. 따라서 모르는 문제를 '친구에게 알려줄 수 있을 때' 성취감을 느낀다는 반응이 성적 향상 다음으로 많이 나타난다.

관찰내용

다른 과목은 그렇지 않은데, 수학문제를 풀 때는 글씨(식)를 자신 있게 쓰지 않는다. 맞은 문제라 할지라도 자신 있고 또박또박 푼 문제가 없다. 또한 아이가 충분히 풀 수 있는 문제인데도 자신 있게 접근하지 않는다. 수 감각이나 계산력에 문제가 없어 보임에도 불구하고 즉각 답이 나오지 않는 문제(단계를 3개 이상 거쳐야 하는 문제)는 무조건 도전하지 않고 건너 뛰는 모습을 보인다.

코멘트

아이가 수학문제를 풀면서 나타나는 문제 행동을 교정하도록 격려합니다. 예를 들어, 자신의 풀이과정을 자신 있게 또박또박 써 내려갈 수 있도록 하되, "틀려도 되니까 자신 있게 풀어봐."와 같이 문제가 틀려도 무관하다는 허용 분위기를 조성하면서 문제 행동 교정에만 초점을 둡니다. 여기에 더 나아가 문제 행동 교정을 통해 자신감을 가질 수 있도록 독려합니다. 예를 들어, "네가 써 놓은 풀이가 답안지 풀이보다 더 이해하기 좋네."와 같은 격려를 해줍니다.

여러 단계를 거쳐야 하는 문제는 각 단계가 정말 자신이 모르는 것인지, 그렇지 않고 자신은 알고 있음에도 불구하고 도전하지 않는 것인지 확인할 수 있도록 해줍니다. 각 단계가 자신이 알고 있는 내용이며 단지 따로 따로 되어 있는 문제를 합쳐 놓은 형태라서 조금 인내력을 갖고 접근하면 충분히 해결할 수 있음을 인식시켜 줍니다.

▶▶ 이렇게 인지적으로 큰 문제는 없으나 학습 방식에서 약간의 문제점을 보이고 자신감이 다소 약한 아이들은, (2~3학년 이상 차이가 나는 동생이 있다면) 동생을 가르쳐 보는 것도 좋은 경험이 됩니다.

지능

"우리 애는 언어에 소질이 있어." 라는 말은 들어봤지만 "우리 애는 언어적 머리가 없어."라는 말은 거의 들어본 적이 없을 것이다. 이에 비해 수학은 좀 다른 상황이다. 수학을 잘 하고 못하고를 말할 때는 "수학에 소질이 있다."고 말하기 보다는 선천적으로 타고난 특수한 지능이나 능력에 따라 달라지는 것처럼 "수학적 머리"가 있다거나 없다고 한다. 뇌를 거치지 않고 이루어지는 학습이나 사고는 없을 터인데 말이다.

콜모고르프(Kolmogorov)는 수학을 공부하거나 이해하는 데 필요한 특별한 소질에 대한 논의는 과장된 경우가 많다고 하였다. 그는 일반적으로 좋은 가르침과 좋은 책, 평균적인 인간 능력 정도면 중등학교 수학 학습에 부족함이 없다고 하였다. 영재학생을 연구한 러시아의 크루테츠키(Krutetskii)는 '노력의 투자'정도는 다를 수 있다고 한다. 그러나 교수법이 고도로 조직되어 있을 때, 학생은 더 빠른 진보를 이룰 수 있고, 또한 다른 학생들보다 더 많은 성취를 보일 수 있다고 주장한다. 물론 '잠재성'은 학생들이 모두 다를 수 있다는 것이다. 그러나 학생들은 모두 중등 교육과정을 이수할 수 있는 잠재력을 가지고 있으며, 여기서 '잠재성'이라는 것은 변하지 않거나 바꿀 수 없는 것이 아니라는 주장이다. 그리고 한 가지 더 중요한 주장을 하였는데 학생들의 흥미와 기질은 그들의 수학적 능력과 성취에 크게 영향을 미친다고 한다.

그러나 아직도 많은 사람들은 수학적 재능이 노력을 통해 얼마든지 바뀔 수 있다고 생각하지 않는다. 수학적 재능이 노력을 통해서 얼마든지 바뀔 수 있다는 생각을 학생이 갖는 것만으로도 수학성적은 향상될 수 있는데도 말이다. 물론 처음 문제를 다룰 때는 타고난 재능이 어느 정도 영향을 주는 것은 사실이다. 그러나 적어도 수학에 있어서 자기 스스로 공부해 나가는 시간을 충분히 확보하며 열심히 노력하는 학생이 실패할 확률은 높지 않다. 이때, 부모는 아이의 학업 효능감 형성에 결정적인 영향을 준다. 롤 모델이나 부모의 지지가 없는 상황에서는 어려운 문제를 접했을 때, 아이들은 쉽게 좌절을 겪을 수 있기 때문이다.

그러면 어느 정도가 타고난 재능이고 어느 정도가 노력의 영향일까? 아마도 5% 정도는 타고난 잠재력이 영향을 미치지만 나머지 95%는 환경에 의해 좌우되는 게 아닐까 싶다. 사실, '실력은 내가 노력하기 나름이다'라고 믿는 사람일수록 더 성장하게 된다고 한다(성장 사고관). 중요한 것은 사람의 기질이나 성향, 능력은 변할 수 있다는 생각이다. 참고로 캐롤 드웩(Carol Dweck)은 발달 이론 쪽으로 프라이밍(priming)할 경우(예컨대 선배로부터 "난 예전에 공부 못했는데 노력했더니 잘 되었다."는 이야기를 듣게 되면) 실제로 성적이 유의미하게 오르게 된다고 말한다. 어떠한 메커니즘에 의해 성적이 오르는지, 실제 재능이 얼마나 향상되어 영향을 끼치는지는 몰라도, 밑져야 본전이니 내 믿음은 어느 쪽을 향하는 것이 좋을까 자문해 볼 수 있을 것이다.

그래서 어쩌면 수학을 잘 하는 것은 '머리가 좋은' 이라기보다는, 수학을 잘하는 기질이라고 봐야한다는 실라 토비아스(Sheila Tobias)의 주장이 맞을 수도 있다. 수학을 잘하기 위한 조건을 설명 하는 데 있어서 한 가지 기질만을 가지고 말할 수는 없지만, 사유형(집중적 사고)이라거나 구조를 잘 파악하고 논리적인 성향, 혹은 말이나 글로 구구절절이 길게 설명할 필요 없이 간결한 공식과 기호로 되어 있는 것을 좋아하는 기질이 거기에 해당될 수 있는 것이다.

관찰내용

수학은 내신 5등급, 모의고사 6등급인 고 2남학생으로 언어능력은 수학보다 우수하다. 직업흥미검사 결사결과로 언론직, 홍보직에 높은 흥미가 나타났고, 수학을 공부할 때에도 문제풀이를 좋아하지 않지만 개념을 읽고 다른 영역에 수학적 개념을 적용한 책을 읽는 것은 좋아한다.

코멘트

아이에게 어떤 문제가 있다면, 우리는 가능한 모든 방법으로 아이들이 가장 잘 할 수 있고, 좋아하는 것을 토대로 자신의 능력을 개발할 수 있는 길을 찾아야 합니다.

수학문제 푸는 것보다는 수학 이야기책 읽는 것을 좋아하고 언어적 능력이 더 우수하다 하였으니 이를 강점으로 이용하는 것도 좋을 듯합니다. 즉, 이 학생의 경우 수학 학습에서 나타나는 특성은 문제풀이보다는 개념을 읽고 다른 영역에 수학적 개념을 적용한 책을 읽는 것은 좋아한다는 특성을 이용하는 것입니다. 따라서 문제풀이나 수학 학습을 한 후 오답노트를 작성하도록 하되, 문제에 대한 풀이만 정리하는 것이 아니라 함께 개념을 함께 넣어서 정리한 자신만의 노트를 만들도록 합니다. 그리고 개념을 이해한 후 자신의 언어로 다시 표현하여 정리해 보도록 하며, 이 노트를 다른 사람한테도 공개할 수 있는 기회를 갖는것도 좋습니다. 즉, 언어적인 측면이 많이 가미된 수학 학습 방법을 적용해 보는 것입니다.

수학 불안

수학 불안은 자신의 부족한 능력에 기인하는 경우가 많지만, 원인이 무엇이든 상관없이 수학 불안이 높은 학생들은 수학을 회피하려는 특성을 보이며 쉬운 문제를 선택하고 복잡한 문제에 도전하기를 두려워 한다는 공통적인 특성이 있다. 반면, 수학 불안이 낮을수록 좀 더 어려운 과제, 도전적인 과제를 선택하며 실패를 두려워하지 않는 특성을 보인다.

수학 불안은 개인에 따라 다양한 증상이 있지만 공통적으로 수학과 관련하여 과거 혹은 현재에 겪었던 수학에 대한 유쾌하지 못한 기억이나 경험과 연관성이 높다. 수학 불안의 원인이 무엇이든 간에 만성적인 수학 불안은 수학 학습에 직접적인 영향을 미치게 된다.

정신역동(psychodynamics) 이론에서는 부모와의 관계에서 불안을 설명하고 있다. 특히 시험불안은 저학년부터 발생하는데, 평가를 받는 상황에서 아동의 성취가 부모의 기대에 미치지 못하는 경우 부모가 아동에게 부정적인 태도를 보이게 되면 불안이 일어날 수 있다는 것이다. 일반적으로 아이들은 부모의 기대에 부응하고 인정을 받기위해 노력한다. 그러나 아이들은 부모의 부정적인 태도에도 반응하기 때문에, 부모의 부정적 태도에 대한 자신의 부정적 감정을 억압해 나가는 과정에서 불안이 발생한다고 보는 것이다.

수학문제를 잘 풀지 못했다고 가정이나 학교에서 체벌이 있게 되면 아이들은 수학에 대해 즐거움이나 과정의 중요성을 학습하는 것이 아니라 수학은 공포스러운 것, 무서운 것, 혐오스러운 것이라는 부정적인 정서를 학습하게 된다. 따라서 수학 불안을 없애려면 무엇보다도 아이들에게 실패에 대해서 관대하며 자유롭게 토론하고 탐구할 수 있는 분위기를 제공해야 한다. 그리고 무엇보다 틀리게 풀어도 부끄럽게 여기지 않을 수 있는 분위기가 중요하다. 그래야만 아이들이 어려운 문제에도 선뜻 도전할 수 있기 때문이다.

우리나라 학생을 대상으로 한 수학 불안 연구에서 나타나는 독특한 현상 중 하나는 수학 불안 하위 요인 및 전체 척도에서 사교육 시간이 증가할수록 학생들의 수학 불안 수준도 증가하는 것이다. 상식적으로 사교육을 많이 받으면 모르는 문제가 줄어들게 되고 따라서 수학 불안 역시 감소할 것으로 기대되나 현실은 그렇지 않은 것으로 나타난다. 또한 수학 불안의 하위 요인 비교 분석을 보면, 학생들은 생각 외로 수학이 갖고 있는 특성 때문에 오는 불안이 아니라, '수학 외적 요인(비교, 성적, 외적 동기)'에 의하여 불안이 나타나는 것으로 보고되고 있다.

따라서 우리나라 학생들의 수학 불안을 완화하기 위해서는 다른사람과 비교하여 성적이 떨어지는 것에 대한 걱정, 본인이 가지고 있는 외적 동기, 그리고 수학을 공부하는 방법에 대한 종합적인 상황을 점검하여 개입할 방법을 구안하는 것이 필요하다.

수학 불안을 완화하는 정서적 지원

수학 학습에서 성취도가 매우 낮은 아이들의 특징 중 하나가 높은 불안감, 낮은 자신감으로 나타난다. 게다가 많은 아이들이 자신의 문제점을 개선할 수 있는 학습 조력자를 만났던 경우도 거의 없었다는 것이다. 그래서 이런 학생들은 문제를 풀게 하였을 때, 자신의 직관을 매우 불신하는 경향이 있다. 머릿속에서 문제해결에 대한 실마리가 떠오르는 것이 있어도 그것이 옳은 것이 아닐 것이라고 생각한다. '이렇게 쉽게 풀릴 리가 없어, 분명히 내가 잘못하고 있는 것일 거야. 좀 더 어렵고 복잡한 것이 틀림없어. 이렇게 쉬운 것이 수학일 리 가 없어.' 이러한 자신에 대한 불신으로 옳은 생각이나 착상을 해 냈음에도 불구하고 문제해결과 연결이 되지 못한 경우들이 있다.

또한 불안을 자초하는 가장 큰 원인 중 하나가, 앞의 내용들을 제대로 공부를 못 했기 때문에 현재 배우고 있는 내용도 잘 할 수 없다고 생각한다는 것이다(예를 들어, 일차함수도 모르는데 이차함수는 당연히 못한다는 생각 등). 이로 인해 도전 자체가 불가능하다고 치부해 버린다.

높은 수학 불안을 가지고 있는 학생들이 이를 극복하기 위해서 우선적으로 바뀌어야할 것은 수학은 언제든 내가 열심히 하면 할 수 있는 과목이라는 생각을 가져야 한다. 물론 기초 기본 개념과 기능 정도는 알고 있어야 하기 때문에 그에 대한 꾸준한 준비와 노력이 뒤따라야 한다는 생각도 갖는 것이다. 그러나 불안 극복을 위하여 가장 중요한 것은 이러한 것들은 노력만 기울인다면 본인도 잘 할 수 있다는 믿음이다.

또한 높은 불안감을 가지고 있는 학생들은 수학 문제를 풀 때 너무 복잡한 문제에 매달리지 않도록 하는 편이 더 나을 수 있다. 그리고 어떤 문제를 못 풀었을 때 불안감을 가질 필요가 없다는 것을 인식시켜 주면서 마음 편하게 다른 문제로 넘어가도록 하는 것이 필요하다. 그렇게 시간을 두고 다른 문제를 접하다보면 언젠가 지금 풀지 못한 문제에 대한 해답을 구할 수 있을 것이란 자신감을 갖게 해야 한다.

또한 매 시험 결과에 너무 촉각을 세우지 않고, 중장기적인 진로와 학습로드맵을 가지고 시기별로 필요한 과정을 학습해 나가는 것이 필요하다.

수학 불안을 극복하는 학습법

심리적으로 불안이라는 감정은 모호한 상황에서 가장 커진다. 나한테 무슨 일이 생길지 내가 무엇을 해야 하는지 예견할 수도 없는 상황에서는 불안이라는 감정이 더 크게 일어날 수밖에 없다. 따라서 수학 불안을 완화시키는 공부 방법 중 하나는 자신이 알고 있는 것과 모르는 것을 확실히 인식하게 해 주는 것이다. 이것만으로도 심리적인 불안을 상당히 덜어낼 수 있다. 이러한 방법은 사실상 불안 완화뿐만 아니라 일반적으로 좋은 학습 관리 방법이라 할 수 있다. 자신이 공부한 것을 점검하면서 본인이 아는 것과 모르는 것, 그리고 아는 것 중에서도 얼마큼 아는지 보다 명확히 구분해보는 것이 필요하다. 예를 들면, 정말 확실히 알고 있는 것, 알기는 하지만 대충 알거나 조금 더 확실히 해야 하는 것(변형하면 틀릴 수도 있거나 실수할 여지가 있는 것), 전혀 모르겠는 것 등을 명확히 파악하는 것이다.

그 다음 실수할 여지가 있는 것은 틀리지 않도록 연습을 반복해서 함으로써 내가 명확하게 만들어 놓았다는 안도감을 주어야 한다. 대신에 전혀 모르는 것에 대해서는 틀리더라도 너무 마음 쓰지 않게 하고 '이건 내가 어차피 모르는 것이니 할 수 없었어.'라는 여유를 갖도록 하는 것이다. 단지 내가 아는 것(공부한 것)에 대해 틀리지 않도록 확실히 학습함으로써 상황을 명확하게 이분화 되게(아는 것 vs 틀리는 게 당연한 것) 만들어 주는 것이 수학 시험 불안을 극복할 수 있는 방법이 되기도 한다.

적절한 불안은 자신의 학습을 점검하는 힘

지나치게 높은 불안이 아니라면 적당하게 수학 불안이 유지될 때 학업성취는 오히려 높게 나타난다. 사람은 기본적으로 불안이란 감정을 느끼면 이에 대해 벗어나려는 시도를 하기 마련이다. 사람은 자신이 느끼는 불안이란 감정을 들여다보면서 이러한 감정이 이는 이유를 생각해보고 이에 대해 대처하려는 노력을 하게 되어 있기 때문이다. '왜 마음이 편치 않고 조마조마할까?'에 대한 해결책, 즉 무엇인가 내가 원하지 않는 일이 생기는 것을 방지하고 마음이 편안한 상태로 돌아가기 위해서 인간은 자신이 지향하는 방향으로 행동하기 마련인 것이다. 그러니 적당한 불안은 내가 부족하거나 필요한 것들을 찾아내고 이를 위한 행동을 조절하는 원천이 된다. 따라서 약간의 불안은 자신의 심리적 안정을 추구하는 동기를 가지고 자신의 학습을 점검하고 필요한 학습을 찾아서 하는 원동력이 될 수 있다.

수학 걱정 뛰어넘기 [실라 토비아스(Sheila Tobias)]

수학을 잘하기 위해 필요한 요건: 자신감, 인내심, 자신이 열심히 공부한다는 것을 자랑스러워하고 즐기는 것, 수학에 대한 긍정적인 생각, 수학을 하려는 자발성

관찰내용

수학문제를 풀면서 문제에 집중하지 못하고 무의식적인 듯 산만한 행동을 반복적으로 한다.

코멘트

아이가 자기가 좋아하는 다른 일을 할 때에는 어떻게 하고 있는가를 살펴보는 것이 필요합니다. 만일 아이가 좋아하는 일을 대할 때에는 다른 태도를 보이면서 집중하는데 반해 유독 수학문제를 풀 때에만 의자를 심하게 흔들면서 푼다거나 연필을 내리 찍는다거나 하는 반복적인 행위를 지속하고 있다면 수학 학습에서의 불안을 표출하는 방법 중 하나일 수 있습니다.

이러한 경우 이를 빠른 시간에 강압적 혹은 너무 의도적으로 개선하려하기 보다는 자발적으로 개선할 수 있는 환경을 제공해주는 것이 필요합니다. 예를 들어 다른 과목을 학습할 때의 모습과 수학을 학습하고 있을 때의 모습을 동영상 촬영해서 보여주면서 대화해 보는 것도 하나의 방법입니다. 또한 아이가 좋아하거나 자신 있게 푸는 수학문제를 먼저 풀어 보게 하면서 아이의 공부태도를 칭찬해 주는 방법도 있을 것입니다.

수학 포기자

수학 학습을 포기한 이유에 대하여 설문 조사한 결과에 따르면, 초 · 중 · 고등학생 모두 다른 요인들 보다 '수학 학습 효능감'이 가장 높은 순위로 나타났다.

또한 로지스틱 회귀분석으로 수학 학습 포기 여부에 영향을 주는 요인을 분석한 결과, 초등학교의 경우 효능감, 흥미, 학습태도의 순으로 나타났고, 중학교에서는 효능감, 흥미, 학습의지의 순서로, 고등학교에서는 효능감, 학습의지, 외적동기의 순으로 나타났다. 이러한 결과에서 우리는 초 · 중 · 고 학생들 모두에서 수학 학업 효능감이 높을수록 수학을 포기하지 않는다는 것으로 해석할 수 있다. 이는 빅데이터 분석에서도 유사하게 나타났는데, 초등학생인 경우 문장으로 표현하자면, '나는 수학이 좋다', '나는 앞으로 수학을 더 잘할 수 있을 것이라 생각한다.'라고 인식하는 학생은 결코 수학을 포기하지 않는 것으로 나타났다.

인지모형 분석으로 수학을 포기하는 과정에서 나타나는 경로를 보면, 수학이 갖는 가치를 인식할 때 외적/내적 동기가 발생하고, 두 동기는 수학에 대한 흥미와 학습의지를 높이며, 마지막으로 긍정적인 학습태도와 효능감을 발달시키는 과정으로 나타난다. 따라서 수학이 왜 중요하고 어떠한 점에서 노력할만한 값진 공부인지를 논리적으로나 감정적으로 설득할 수 있을 때 학습자가 수학에 대해 전반적으로 긍정적인 태도를 갖고 높은 성취를 나타낼 것이라 기대할 수 있는 것이다. 반면에 수학에 대한 가치 인식에 실패한 학생은 다른 모든 요소에서도 어려움을 겪을 가능성을 내포하는 것이다.

실제로 수학을 포기한 이유에 대한 설문 조사 결과를 보면, 그 이유 중 하나가 수학이 '별 쓸모가 없어서'이다. 따라서 지금 배우는 내용이 지금 단계에서 직접적으로 생활에 응용 할 수 없다할지라도 나중에 더 배우다 보면 실생활에 유용하거나, 혹은 자신의 사고 능력 향상 즉, 어떤 상황에 닥쳤을 때 합리적인 해결책을 생각해내는 데 도움이 된다는 인식을 갖게 하는 것이 좋다.

관찰내용

그동안 학교에서도 학원에서도 아무 문제없이 공부를 성실히 한다는 이야기만 들어왔다. 가정에서도 숙제를 잘 하고 별 문제 없어 보였는데, 고등학교 올라오니 수학 성적이 형편없이 떨어졌으며 아이에게 이유를 물었더니 대답도 안 하고 자기가 공부한 것도 보여주지도 않을 뿐더러 자신은 수포자라고 한다.

코멘트

아이의 능력에 비해 부모님의 기대가 과도했거나, 부모님이 아이 앞에서 실망하는 모습을 보였을 가능성이 있습니다. '부모님을 실망시켰구나.' 하는 생각이 드는 그때부터 아이는 문제점을 감추려 하는 것일 수 있습니다.

학원 선생님이 아이가 별 문제없이 잘 따라간다고 하는 것은 사실이 아닐 수 있습니다. 아이는 겉으로 하는 척을 해서 주위에서는 문제점을 못 느끼고 있을 수 있는 거죠. 따라서 아이의 수준과 상태를 아는 것은 중요하고 이를 위해서는 관찰도 해야겠지만, 그 전에 아이에게 진지하게 물어보는 과정이 필요합니다. '자기의 공부 상황에 대하여, 그리고 자신의 느낌을 있는 그대로 이야기해 볼 수 있도록 합니다. 단, 아이는 이러한 것들이 특별히 실망하거나 야단맞을 일이 아니고 자기의 공부 상황을 살펴보기 위한 것이며, 어려운 점이 무엇이고 앞으로 조금 더 바꾸어야하는 방법이 무엇인지 알아보고자 한다는 것에 공감할 수 있어야 합니다.

이럴 때는 "지금 못해도 돼. 그러나 뭔가 효과적인 방법이 있으면 찾아서 해보자."는 격려와 공감이 중요한 시기이며 이러한 과정만 제대로 진행해도 아이는 보다 자신의 학습에 적극적일 수 있습니다.

부모의 역할

아이의 수학을 인정하자!

아이의 생각, 아이의 수학을 인정해 주는 것이 필요하다. 위의 에피소드처럼 가로의 길이가 10, 세로의 길이가 7인 직사각형의 둘레의 길이를 구하는 문제를 처음 보았을 때 아이는 주어진 수를 그냥 일단 더하는 게 더 편하게 느껴진 것일 수 있다. 이러한 문제는 아이가 계산해 나가다가 더 효율적인 방법을 찾아가기 마련이다. 아이가 사용한 방법을 인정하고 단지 나중에 효율성 면에서 비교해서 판단하도록 유도하는 게 좋다. 다시 말하면 아이가 하는 방법이 다른 방법이거나 비효율적인 방법이라 해서 무조건 나쁜 방법으로 취급하면 안 되며, 아이의 방법이 틀린 것이 아니라면 그대로 인정해주고 다른 방법도 찾아 볼 수 있도록 한다.

관찰내용

아빠와 아이가 함께 수학문제를 풀고 있다. 그런데 아빠가 일일이 가르치기 보다는 문제를 같이 풀어보고 난 후 서로의 풀이를 비교해 보는 방법을 쓰고 있다.

코멘트

아빠의 지도법은 효과적인 교수법이라 할 수 있습니다. 단, 아빠는 고정적이고 알고리즘적으로 풀 가능성이 있으므로 아빠의 풀이를 너무 강조하지 말고 아이의 생각(아이가 푼 수학)을 인정하고 칭찬하면 좋겠습니다.

내가 한 대로, 나와는 다르게?

부모가 학창시절 수학을 어려워했다고 해서 아이의 수학 학습에 관여하지 못할까?

부모의 수학 교육방식을 살펴보면, 학창시절 수학 학습 당시 경험했던 어려움을 개선하는 방향으로 결정되는 것을 볼 수 있다. 즉, 부모가 학창시절 겪었던 수학 학습결손이나 어려워한 내용에 대해 자녀가 어려움을 겪지 않도록 가이드 하고자 하는 경향이 있다. 부모가 학창 시절 어려워했던 부분이 있으면 자녀가 그것을 어려워할까봐 쉽게 풀어서 가르치거나 자세한 설명을 덧붙임으로써 때에 따라서는 오히려 자녀에게 좋은 학습에 대한 가이드라인을 제시해줄 수도 있다.

그러나 중요한 것은 부모가 자녀의 수학 학습에 관여할 때에 본인이 가졌던 수학에 대한 부정적 정서를 아이가 느끼지 않도록 해야 한다는 것이다. 부모의 수학 학습 경험은 자녀 수학 교육방식에 영향을 미친다. 예를 들어 학창 시절 수학 과목의 정의(情意, affect)적 측면에서 부정적인 경험을 했던 학생이 성인이 되어 수학의 필요성을 재발견 했다하더라도 자신의 부정적인 경험 때문에 자녀가 긍정적으로 수학 학습을 하도록 지도하는데 어려움을 겪을 수 있다는 것이다.

실제로 부모가 자신의 자녀들이 수학에 대해 긍정적인 태도를 갖도록 지도하는 것에 대해 어려움을 호소하는 경우가 많다. 심지어 어떤 부모는 수학만 대하면 가슴이 답답하고 신경이 예민해져서 아이가 조금만 모르는 표정을 지어도 본인의 불편함 감정을 아이한테 쏟아 붓게 된다는 것이다. 이와 같은 경우처럼 부모가 수학에 대한 부정적인 생각이 강하다면 자녀가 혼자서 수학 학습을 할 수 있도록 하고, 부모는 격려만 해주거나 아이가 가끔 질문해 오면 적절한 발문이나 약간의 힌트만 주고 혼자서 해결 할 수 있도록 하며 그 이상의 관여를 하지 않는 것이 바람직하다. 아이의 학습 관여는 그저 아이가 혼자서 한 것에 대해 감탄과 칭찬을 해 주는 것으로 대체하는 것이다.

반면에 어떤 부모는 다음과 같은 반응을 보이기도 한다. “나는 수학 잘 못해, 그러니까 나한테 물어 보지마.” 라는 말을 듣고 자란 아이가 수학을 좋아할 가능성은 높지 않아 보인다.

그보다는 풀지 못하더라도 "나도 수학을 옛날에는 잘하고 좋아했는데, 지금 잘 모르겠네. 시간을 두고 좀 더 생각해보면 이해하고 풀 수 있겠어"라고 말하는 것이 좋을 것이다. 아이들이 사고를 지속할 수 있도록 격려하면서도 부모도 해결하려는 의지를 보여주는 것이다.

그러고 나서, '네가 생각한 것을 좀 말해줄래?', '어디까지 생각했어?' '이게 어떤 문제야?' '무엇을 이용하는 거지?' 라는 질문과 관심을 보이면서 아이의 생각을 막지도 그렇다고 직접적인 수학적 정보도 주지 않으면서도 아이의 사고의 흐름만 터주는 것이다. 즉, 아이가 부딪힌 문제에 대하여 단계적, 논리적으로 처리할 수 있도록 이끌어 주는 역할만 하는 것이다.

어차피 부모가 아이의 수학 문제를 모두 풀 줄 안다고 해서 아이가 막히는 문제를 모두 줄줄 답을 말해주거나 풀어주는 것은 결코 좋은 학습 방법이 아니다. 아이의 사고를 지지하고 인내하고 응원하며, 가르치는 것보다 안내하고 격려하는 것이 부모의 역할이다.

많은 부모들이 자녀의 학습에 관여하고 적절히 코치해 주고자 하지만 수학 내용 지도나 학습 방법에 앞서 서로의 의사소통 방법에서의 어려움을 겪기도 한다. 즉, 자녀와의 대화가 원활치 않은 것이다. 뭔가 문제가 있는 듯한데, 무엇이 문제인지는 모르겠으나 개선의 필요성은 느낀다는 것이다.

이때 사용할 수 있는 유용한 도구가 동영상 분석기법이다. 교사들도 자신의 수업 관행을 분석하고 전문성 신장을 위하여 수업 관찰 카메라(자기 수업 동영상)를 활용한다. 이는 반성적 성찰을 위해 사용하는 것으로 자신의 이미지를 객관적으로 살펴보는 것이다. 또한 학생의 행동을 관찰하면서 이를 교육, 치료, 훈련에서 많이 활용하고 있다. 이러한 기법은 객관적인 이미지로 자신을 바라볼 수 있다는 점에서, 그리고 자신의 모습뿐만 아니라 자신을 포함한 환경, 맥락적 측면까지 볼 수 있음으로 인해 반성적 사고(reflect thinking)를 확장시킬 수 있고, 본인이 가지고 있는 막연하고 주관적인 이미지를 보다 정확하고 객관적인 관점으로 관찰할 수 있다.

따라서 부모와 자녀의 대화에 문제점을 느끼는 부모들에게는 아이들과 이야기 나누는 것을 카메라로 찍어서 이를 객관적인 잣대로 분석해 보는 방법을 권장한다.

관찰내용

아이 : 엄마의 계속된 지적에 뭔가 불편해 보이며 문제를 다시 풀어보지만 여전히 응용문제를 틀리게 풀고 있다.

엄마 : 문제 푸는 것을 지켜보면서 "다시 풀어봐."만 반복적으로 이야기 하고 있다.

코멘트

엄마는 수학 학습을 중간 중간 도와준다고 생각하겠지만 대부분 아이를 일방적으로 몰아붙이는 느낌으로 이야기 하고 있습니다. 여기서 엄마의 역할이 마치 감시자처럼 보입니다. 아이가 엄마에게 신경 쓰는 모습이 보이고 아이를 지켜보는 엄마의 표정과 분위기가 아이에게 압박감을 줄 것 같습니다.

때로는 엄마가 책상 앞에 앉아서 아이가 학습하는 것을 지켜보는 것이 아이에게는 수학 공부를 마치 의무나 강요로 받아들여질 수 있습니다.

따라서 엄마가 아이 바로 앞에 있는 것보다 직접 시선이 머물지 않는 곳에서 책이나 신문이라도 읽고 계시면 좋을 것 같습니다.

또한 대화는 상호 간에 주고받아야 하고 아이의 문제를 공감하고 소통하며 문제해결을 위해 협력해야합니다.

'문제 다시 풀어봐.'라는 말만 반복해서는 학습을 위한 적절한 상호작용이 이루어지지 않습니다. 이럴 때는 구체적으로 질문하는 게 좋습니다. 예를 들어서, '이 문제는 뭘 구하라고 하는 거니?', '어떤 조건을 이용해서 풀이하는 문제야?' 와 같이 사고를 촉진하는 질문이 좋습니다.

그리고 중요한 것은 엄마와 자녀가 함께 수학공부를 하다가 서로 감정이 상할 때가 생길 수 있습니다. 아이에 대한 급한 기대와 욕심을 버리고(물론 믿음은 버리지 말고) 마인드 컨트롤하면서 가르칠 수 있으면 괜찮으나, 만일 마인드 컨트롤이 어렵다면 공부에 관여하는 것을 중단하고 아이와의 좋은 관계 유지에 더 신경을 쓰는 것이 좋을 듯합니다. 아이에게 직접적인 학습지도가 아닌 간접적인 지지만 해주는 것입니다.

부모와 함께 활동을

아이가 새로운 수학 학습에 잘 적응하고 수학적 능력을 키우기 위해서는 부모가 우선적으로 기존에 가지고 있는 수학에 대한 고정관념을 버려야 한다.

즉, 부모는 수학의 중요성을 막연하게 강조하기 보다는 아이가 수학의 가치를 인식하고 흥미를 높이는 데 보다 많은 신경을 써야 한다. 이를 위해서는 아이와 부모가 함께 하는 수학적 활동이나 게임을 권장한다. 가정에서 하는 수학적 활동이나 게임은 학교 수학 교육과정에 너무 얽매이지 않아도 된다. 아이의 지적 발달 수준과 흥미를 잘 관찰하여 이에 따라 진행할 수 있는 내용을 선택하면 되고, 활동 속에서 자연스러운 스토리텔링도 곁들이면 더욱 좋다.

아이와 함께 하는 활동에 무엇을 이용하든 관계없다. 바둑돌, 카드, 마방진, 수학동화나 보드게임 등 그 종류는 수도 없이 많으며, 집에서 하는 활동이 아니더라도 수학 박물관을 견학하거나 수학 체험전, 수학캠프 등에 참여하는 것도 있을 수 있다. 요즘은 각종 수학 관련 보드게임도 많이 나와 있다. 필요하다면 자녀의 친구와도 함께 어울려서 셈셈피자가게, 셈셈테니스, 셈셈롤러코스트, 로보77과 같은 각종 연산을 위한 보드게임을 해 보는 것도 좋을 것이다.

여기서 중요한 것은 활동이나 게임을 같이 하면서 무엇인가를 가르쳐야한다거나 아이가 수학적으로 사고해야하는 것에 너무 연연해서는 안 된다는 것이다. 부모의 태도가 아주 중요한데, 활동이나 게임을 하면서 자녀에게 충분히 생각할 시간을 주고, 활동하는 내용에 관심과 흥미를 보이되, 이를 꼭 학습과 연결 지으려고 하는 것이 아니라 그저 하고 있는 내용을 즐기는 태도가 중요하다. 즉, 부모의 관심, 여유 있는 태도가 중요하며, 조급해하는 부모의 태도는 오히려 수학과 멀어지는 아이를 만들 수 있다.

어린 자녀와 수학으로 놀자

- ► 세어 보며 놀자(계단의 수 세어보기–건너 띄며 세기, 훌라후프나 줄넘기 돌리며 세기 등)
- ► 사물의 특징을 가지고 놀자(각이 생겼네, 기울어졌구나, 위가 뾰쪽하네 등)
- ► 정리해 보면서 놀자(박스 쌓기, 가장 많이 들어가는 방법 찾기, 흔들리거나 무너지지 않게 만들기 등)
- ► 대응을 시키며 놀자(일대일로 짝 짓기, 사다리 타기 등)
- ► 공간을 활용해서 놀자(내 공간 만들기, 더 큰 공간 만들기 등)
- ► 어림하며 놀자(주차장의 차 대수, 마트 물건값, 수박을 잘라서 어떤 그릇에 담을까 등)
- ► 관계를 맺으며 놀자(명명하기, 특성 붙여주기 등)
- ► 측정해 보면서 놀자(그릇의 용량, 사물의 길이 재기, 1분 알아맞히기, 시간 알아맞히기 등)

영재아

내 아이는 영재아일까? 아이들의 영재성을 판정하는 것은 매우 중요한 일인만큼 신중해야한다. 미국 존스 홉킨스 대학에서는 수학 영재들의 특성을 보통 평균보다 뛰어난 정보 처리 속도, 기초 수학 정보의 파지 능력, 새로운 개념을 새로운 과제에서 적용하는 능력 등을 소유하고 있는 것으로 보고 있다. 또한 크루테츠키(Krutetskii)는 수학 영재 특성을 다음과 같이 구분하였다.

먼저, 수학적 정보 수집 과정의 특성에서는 영재아들은 문제의 구조를 파악하기 위해 수학적 내용을 형식적으로 지각하는 능력이 우수하다는 것이다. 또한 수학적 정보 처리 과정의 특성을 살펴보면, 수, 철자의 상징 부호를 사용하여 양적, 공간적인 관계 속에서 논리적으로 사고하는 능력과, 수학적 대상, 관계 및 연산을 일반화시키는 능력, 수학적 추론과 연산 체계를 단축시키는 능력이 있으며 사고 과정의 유연성 뿐 아니라 가역적인 사고 능력이 뛰어나고 간단명료하고 보다 우아한 해법을 찾는 노력을 한다는 것이다.

그러나 위에서 나열한 것과 같은 수학 영재의 특성만으로는 수학 영재를 판단하는 것은 쉽지 않다. 수학영재임을 판단하는 과정은 단순하지 않고, 경시대회에서 좋은 성적으로 입상하였다고 해서 다 영재라고 볼 수만도 없다. 실제로 수학 경시대회의 입상경력이 있는 학생들도 그렇지 않은 학생들에 비해 새로운 규칙을 발견해내고 문제를 만드는 능력에서는 다른 항목들에 비해 상대적으로 두드러진 차이를 보이지 않는 경우도 많다. 따라서 영재를 판단하는 마지막 단계에서는 어떠한 기준(판별 문항)이나 IQ 점수보다는 전문가들의 신중한 판단이 중요하다.

또한 영재임을 판단하는 데 있어서는 학생들은 무엇보다도 지적으로 새로운 자극과 도전을 받고 싶어 하며, 평범하고 일반적인 것보다는 창의적 인가를 판단해야 한다.

그러나 영재인가를 판단하는 것 보다는 영재아 혹은 잠재적 영재에게 어떤 기회를 제공해야 하는가가 더 중요한 일이다. 일반 학생들도 마찬가지이지만 영재아인 경우에는 보다 적극적으로 도전할 기회를 제공하고 동료 영재 아이들과 서로의 아이디어를 공유할 수 있는 기회를 제공해야한다. 영재아들은 반응에 따라 좀 더 높은 수준의 경험을 제공하는 것만으로도 그들이 충분히 성장할 수 있는 기회가 된다. 따라서 이러한 학생들에게는 새롭고 어려우면서 도전할 만한 가치가 있는 문제를 통해 서로의 생각을 공유하며 다양한 아이디어를 모아서 이를 해결할 수 있도록 하는 협업 기회가 제공되어야 한다.

고호경교수가 들려주는

학부모와 학생을 위한

수학 학습 심리 이야기

ZONE 02

수학이 나를 괴롭혀

> 본 장에서는 아이들이 수학에서 가장 힘들어 하는 내용에 대해 이야기한다. 먼저, 아이들이 가장 싫어하는 '계산', 어떤 아이들에겐 너무나 어려운 '기하(도형)', 아이들을 괴롭히는 '실수', 그리고 모든 내용의 마지막 고비로 여기는 '문장제 문제'이다.

"뭐가 그리 복잡해?", "됐어, 간단히 얘기해봐." "쉽게 얘기해보자."와 같은 표현을 우리는 너무 많이 듣고 사용하고 있다. 인간은 누구나 쉽고 단순한 것을 좋아한다. 만일 100 가지 종류의 아이스크림을 보여주면서 선택하라고 하면 어떨까? 복잡한 상황은 가끔 호기심을 자극하기도 하지만 결국 우리의 인지에 과부를 걸리게 한다. 우리의 인지는 과부하가 걸리는 것을 피하고자 하는 경향이 있다. 어떤 아이들에게는 수학이 특히 그럴 수 있다.

계산이 나를 괴롭혀

'우리 애는 계산을 자꾸 틀려요. 47×0을 47이라고 답하질 않나, 사소한 부분에서 틀리니까 내 언성이 높아질 때도 있구요, 내 표정을 보면서 아이가 더 긴장하고 실수를 더 하게 되는 것 같아요'

단정 지어 말하긴 어렵지만, 연산을 자꾸 틀리는 이유가 아이의 집중력일 수도 있고, 순간의 혼동이나 긴장감일 수 있다.

위의 에피소드에서는 아이가 1이 제일 작은 수라고 알고 있다가 0으로 제일 작은 수가 확장되니, 급한 마음에 순간 혼돈이 되었을 수도 있는 것이다. 그런데 위의 경우는 어머니의 대답에서 해답이 있는 듯하다. 아이가 사소한 부분에서 틀리므로 언성이 높아질 때도 있다고 하였는데, 엄마의 실망을 아이가 느끼면 아이가 더 긴장하고 실수를 하게 될 수 있는 것이다.

수학 학습에서의 어려운 점을 호소하는 학생들 중 많은 학생들이 계산 실수로 인해서 연산이 힘들다고 한다. 아주 심각한 상태만 아니라면 연산을 조금 틀리는 것은 심각하게 받아드릴 일은 아니다. 부모가 아이의 계산 실수를 걱정하여 연산 학습지를 반복적으로 학습하도록 한다면 때에 따라 도움이 될 수도 있겠으나 그로 인하여 아이가 부담감을 많이 느끼게 되면서 오히려 해가 될 수도 있다. 결론적으로 부모는 아이의 계산 실수에 너무 연연해할 필요가 없다는 것이다.

그러나 계산 실수를 한 것과 개념을 잘못 적용한 것은 구분해서 판단할 필요는 있다. 예를 들어, 5학년 아이가 도형의 둘레를 잘못 구한 것이 단순 계산 실수가 아니라 도형의 넓이와 둘레 구하는 공식을 헷갈려 잘못 적용한 것이라면(국가성취도 평가에서 결과를 보면, 실제로 중학교 학생들도 그러한 실수를 많이 함), 두 개념이 혼동된 것일 수 있으므로 개념 간의 차이를 잘 인식할 수 있도록 지도할 필요는 있다.

많은 부모들이 아이가 수학을 재미있게 할 수 있기를 원한다고 말한다. 또한 아이가 자신감을 가지고 수학을 해 나가기를 바란다고 한다. 그러면서 현실은 아이의 실수에 연연해하고 지적하는 경우가 있다. 아이의 연산 실수도 줄이면서 수학에 대해 흥미와 자신감을 잃지 않으려면,

첫째, 틀린 것에 대해 너무 지적하지 말고, 틀리든 맞든 혼자서 정리해 나갈 수 있도록 여유를 갖고 지도하는 게 필요하다.

둘째, 적절한 칭찬을 아이에게 해 줄 필요가 있다. 여기서 적절한 칭찬이란 무조건 "잘하네" 라고 말하는 것이 아니라 아이의 장점을 세부적으로 발견하여 실질적인 칭찬을 해주는 것이다. 그래야만 칭찬에 대한 상승효과를 기대할 수 있다. 예를 들어, '이 두 도형이 대칭인 것을 어떻게 알았어? 공간 감각이 있네!'와 같이 구체적인 수학 내용을 언급해도 좋고, 혹은 '이 문제는 응용문제인데 해 냈네?' 와 같은 난이도나 능력에 대한 칭찬도 좋다.

셋째, 너무 많은 연산 연습 보다는 문제해결의 아이디어를 찾는데 보다 집중할 수 있도록 한다. 그러나 계산이 끝난 후(특히 활용 문제 같은데서) 본인의 계산이 맞았는지 스스로 확인할 수 있도록 지도할 것을 권장한다.

계산력 vs 수학적 사고력

계산을 잘 하는 것과 수학을 잘 하는 것은 무슨 관계가 있을까? 결론적으로 말하면 별 상관이 없다. 그런데도 불구하고 왜 많은 사람들

이 계산력을 강조할까? 그건 생각보다 여러 가지 이유가 있을 수 있다. 산업화 사회에서는 생산된 것들을 정확하고 빠르게 계산해 내는 것이 중요했다. 우리는 그러한 시대에서 다루어진 수학을 배운 대로 혹은 강요받은 것을 전수하고 있는 것일 수 있다. 혹은 어쩌면 계산력을 강조하는 사교육에서 자신들의 이익을 위해 강조하는 논리에 의하여 강요받은 것일 지도 모른다.

많은 아이들이 '수학은 계산하는 게 힘들다.'고 이야기 한다. 계산에 서툰 아이들이 꼭 수학을 싫어하게 되거나 못하게 되는 것은 아니다. 정도의 차이는 있으나 필요한 기술적 절차를 알고 기본적인 계산을 할 줄 안다면 너무 강요하지 않고 다른 영역의 수학을 학습하도록 하는 것이 필요하다.

그러나 현실적으로 아이들이 다루는 많은 문제들에는 때로 지나치게 많은 계산이 포함되어 있어서 아이들을 힘들게 하기도 한다. 그럴 때는 가끔씩 계산 과정은 좀 빨리 넘어가고 문제풀이의 다른 아이디어에 집중할 수 있도록 하거나 또는 계산기를 써서 계산하고 넘어갈 수 있도록 하는 것도 하나의 방법이다. 수학공부 방법 역시 가끔씩은 하던 대로 하는 것에서 벗어나 주의를 환기시킬 필요가 있다.

관찰내용

아이는 엄마가 내 주는 계산 문제집을 반복해서 풀고 있다. 오늘의 분량인 7쪽의 같은 유형의 덧셈과 뺄셈 문제를 엄마는 시간을 재면서 아이가 계산을 빨리 해 내도록 종용한다.

코멘트

아이의 계산 능력을 향상시키기 위해서 계산 문제를 연습할 수 있도록 지도하는 것은 필요하나 우리가 고민해야 할 사항은 '적절한 학습양인가?' 그리고 아이가 '필요성을 공감하는가?'입니다.

너무 많은 분량의 수학을 소화해 내야 하는데다가 빨리 푸는 부담감까지 주어진다면 아이는 심한 압박감이 듭니다. 심한 압박감 아래서 학습하는 것은 자신의 학업기대와 학업동기를 높이지 못합니다. 아이는 부모의 양육태도를 수용적, 자율적으로 지각할수록 자신감이 높아지지만, 부모의 성취압력을 높게 지각할수록 자신감은 낮아지는 것으로 나타납니다.

만일 아이가 필요성을 어느 정도 인식하는 수준이라면 엄마가 정하는 분량이 아니라, 아이와 함께 정한 적절한 학습량을 적당한 시간에 풀도록 하면서 적은 양이라도 성실하게 연습하는 것이 효율적입니다.

정리하자면, 계산 과정을 능숙하게 연습해야 하는 내용을 정해서 일주일에 1~2번 아이가 시간을 정해두고(너무 많은 문제를 주지 말고 일정 시간 동안) 문제를 정확히 풀어 보는 연습을 할 수 있도록 합니다.

머리셈은 좋은 걸까?

머리셈은 많은 장점이 있기 때문에 그 필요성이 계속 강조되고 있다. 보통은 암산과 머리셈에 대한 구분을 두지 않고 혼용해서 부르기도 하지만 암산은 머릿속으로 주판 없이도 주판으로 하는 방법에 따라 수행하는 계산법이고 머리셈은 수와 연산의 성질에 따라 다른 계산 도구 없이 머리로만 계산하는 것으로서 두뇌 계발과 수 감각을 기르는 일에 도움이 될 수 있다.

따라서 아이가 계산 과정을 꼭 지필로 해야 하는 상황이 아니고 머리셈을 해도 무리가 없는 문제에서는 아이의 머리셈을 막을 필요가 없으며 오히려 지지할 필요가 있다.

그렇다 하더라고 암산이 불필요하다는 의미는 아니다. 주판 없이도 주판을 떠올리며 머릿속에서 필요한 계산을 잘 해낼 수 있을 정도로 능숙한 사람들에게는 암산이 계산하는데 실질적인 도움이 된다.

계산기는 써도 좋을까?

계산을 빠르게 하는 것이 곧 수학을 잘 하는 것을 의미하지는 않는다. 계산기를 교육에 활용하는 것은 계산에 따르는 정신적 부담 경감, 일상생활과 수학의 실제적 연계, 수학에 대한 자신감 증대, 개념 중심의 수학 수업 강화, 문제해결 학습 강화, 패턴 탐구 촉진 등을 목적으로 한다.

복잡한 수의 계산에서 정확한 계산은 계산기를 이용하고, 아이들은 수 감각과 어림셈을 강화하는 방향으로 초점을 맞추는 것이 바람직하다. 어린 시절의 가우스(Gauss)가 1부터 100까지 빨리 더할 수 있었던 것은 계산이 빨라서가 아니라 101이 50개가 있는 덧셈식의 구조를 파악했던 것이다. 계산기를 사용할 수 있도록 한다면, 교육 방법의 변화를 넘어 교육의 목표와 내용, 계열, 접근 방식에도 영향을 미친다. 예를 들어, '수의 뒷자리에 0이 들어있는 곱셈'은 '0을 제외한 수끼리의 곱셈을 한 결과를 쓰고 곱셈식에 들어 있는 0의 개수만큼 0을 덧붙여 써 넣으면 된다.'는 규칙을 파악하는 과정에서 계산기를 활용할 수 있다. 또한 같은 요소들로 구성된 식이라도 괄호 안의 연산을 먼저 해야 한다는 사실과, 여러 항의 계산에서 특정 항의 계산을 먼저 계산하도록 식을 세우려면 괄호가 필요하다는 것을 인식하는 것 등을 계산기를 통해서 귀납적으로 접근 할 수 있다.

근래의 학교 교육과정에서는 갈수록 계산 양을 줄이고 사고하는 데 초점을 맞추고 있다. 그렇다면 어떤 장면에서 계산기를 쓰고 어떤 장면에서는 지필 계산을 해야 하는가? 패턴을 찾아내거나 실생활의 복잡한 수치를 활용해서 문제를 해결하려는 장면에서는 초점이 계산에 있는 것이 아니다. 따라서 아이들이 계산에 신경을 쓰다보면 본질적인 수학적 사고에 접근하지 못할 수 있다. 이러한 부분은 교육과정을 연구하는 사람이나 교수학습을 개발하는 사람들이 많은 고민을 하면서 만들어 내는 것이므로 교과서에 나와 있는 지침을 따라 지도하면 된다. 교과서에 계산기를 사용하라고 표기되어 있는 내용에서는 계산기를 쓰고 지필 계산을 수행하라고 되어 있는 부분에서는 지필로 계산하면 된다(계산 방법을 가르치거나 간단한 계산을 직접연습 해보게 하는 데는 당연히 계산기를 쓰지 않는다).

초등학생을 둔 부모 중에서는 아이가 계산하는 방법을 연습하는 과정에서 주판이나 계산기를 사용하려하는 것에 대해 우려를 표하기도 한다. 계산법을 연습하는 과정에서 계산기만 사용해서는 곤란하겠지만 문제를 다 풀고 난 후 검토할 때 계산기를 사용하거나 계산기 사용을 권장한 문제를 함께 풀어보는 것도 좋다. 초등학교 저학년에서 계산하는 것을 가르치는 것이 중요하다고 해서 매일 계산하는 것에 치중하게 되면 아이는 수학에 흥미를 잃고 수학을 싫어할 수도 있다.

도형이 머릿속에 그려지질 않아

쌓기 나무를 들어보았을 것이다. 쌓기 나무를 앞에서 본 모습과, 위에서 본 모습을 그리라고 하면 머릿속에 구조물의 전체적인 형태가 그려진 아이는 별다른 어려움이 없겠지만 그 형태가 머릿속에 펼쳐지지 않은 아이는 그 모습을 아무리 말로 자세히 설명한다 할지라도 이해하기 쉽지 않다.

그럼 어떻게 해야 머릿속에 구조물이 인식되지 않은 아이에게 도움을 줄 수 있는가?

구체물을 이용한 시각화를 통해서

머릿속에 도형이 잘 그려지지 않는 아이들에게는 시각화를 통해서 구체와 추상 사이의 간극을 연결하는 다리를 만들어줘야 한다. 시각화란 구체물을 이용해서 활동하거나 학습하는 것을 말한다.

피아제(J. Piaget)는 모든 수학적 지식이나 사고의 본질은 조작활동에서부터 왔으며 따라서 학습은 여러 가지 활동 중심으로 구성되어야 한다고 하였다. 특히 구체적 조작기 수준에 있는 초등학교 저학년 아동들에게 구체물을 다루는 경험을 충분히 제공할 필요가 있다는 것이다. 이와 같은 조작활동의 중요성을 강조한 학자들 중에서 브루너는 아동의 수학 발달을 위하여 피아제의 인지 발달 단계 이론에 기초한 EIS 이론을 제안하였다. EIS 이론이란 활동적(enactive) 표현, 영상적(iconic) 표현, 상징적(symbolic) 표현의 단계로 수학을 지도한다는 것이다. 즉, 처음에는 활동 위주로 하나가 나중에는 그것을 수학적 표현과 연결해 나가도록 해야 한다는 것이다.

도형은 수학교육의 목표를 달성하는데 가장 알맞은 내용이다. 따라서 도형을 학습할 때에는 외형적으로 결과 값만 구하는 것에 목적을 두지 않고 내면적으로 도형에 대한 감각을 기르는 것이 무엇보다 중요하다. 어렸을 때부터 도형 감각을 키우기 위해서는 실생활에서 주변의 사물들을 이용해서 다양한 각과 도형 등을 인지할 수 있도록 하는 것이 좋다. 예를 들어, 건축물들의 형태에 관심을 두고 관찰한다거나 방안 구조를 인식하면서 직각과 같은 도형을 인식하는 것이다. 또한 각종 사물들이 만들어 내는 형태나 특징을 인지하도록 하는 것도 좋은 방법인데 가령 젓가락이 만들어 내는 여러가지 각의 형태도 일종의 자연스러운 도형 학습이 되는 것이다. 빨대나 나무 등을 이용하여 평행사변형을 만들거나, 일상의 물건이나 주변 건물 등에서 평행사변형 모양을 찾아 볼 수도 있다.

그러면서 아이의 호기심을 자극하고 새로운 도형에 주목할 수 있도록 발문을 같이 해 주면서(예를 들어, 이렇게 생긴 것도 직각일까? 왜 그렇게 생각해? 등) 자신이 보거나 다룬 것들의 의미를 인지할 수 있도록 해야 한다.

또한 학교에서는 물론이거니와 가정에서도 기하를 단지 지식의 관점에서만 학습하는 것이 아니라, 도형에서 패턴 찾기, 투시도 그리기, 추측하기, 종이접기를 이용해 펼친그림 만들기, 기하판(Geoboard) 이용하기, 공간 방향 생각하기, 전개도 만들기 등의 다양한 활동을 이용하여 기하학적 감각을 키우는 노력을 기울일 필요가 있다. 특히 초등학생한테는 색종이로 접거나 잘라서 여러 가지 도형을 만들어 보는 활동은 여러모로 유용한 활동이다.

놀이를 통해 커가는 수학

딘즈(Z. P. Dienes)는 수학 학습을 '놀이'를 통한 구성적 활동이라고 보았다. 아이들의 수학 학습에는 구체적인 수학 자료를 이용한 놀이가 매우 중요하다는 것이다. 놀이를 통해 형성된 개념은 그 지식의 상태가 열린 상태여서 보다 높은 수준으로 재구성되기가 쉽다는 것이다. 예를 들어, 어린 나이의 아동들이 색종이로 만든 여러 가지 모양의 평면 도형으로 놀이를 하는 과정에서 둥근 모양, 네모 모양, 세모 모양을 식별하도록 하는 과정을 통해 이 세 가지 모양에 대한 개념이 형성될 수 있도록 해야 한다는 것이다.

요즘은 교과서에도 게임 요소를 넣어서 학습할 수 있는 내용들을 수록하고 있다. 예를 들어 연산 연습을 위해 주어진 내용을 계산하고 계산 결과를 무늬가 그려져 있는 판에 색을 칠해서 모양이 나타나게 하는 등의 활동은 아이들이 지루해 할 수 있는 연산에 게임 요소를 넣어서 연산을 숙달하기 위한 놀이로 변환한 것이라 할 수 있다.

실제로 초등학교 아이들에게 어떤 것이 바뀌면 수학을 좋아하거나 잘할 수 있을 것인가라고 질문하였을 때 6학년 임에도 불구하고, '수업 시간에 교구를 이용한 활동이 많았으면 좋겠다.' 혹은 '수학을 게임처럼 했으면 좋겠다.', '몸을 움직이는 활동이었으면 좋겠다.'는 답변이 많이 나온다. 그러니까 초등학생들한테는 책상 앞에서 연필로 종이 위에다 문제만 풀도록 하는 것은 아이들의 특성이 반영되지 않은 것이다. 그보다는 무엇인가 즐겁게 활동하면서 배울 수 있는 환경이 마련되어야 한다.

놀이만으로 모든 것이 해결될까?

결론적으로 말하자면, 초등학교 수학 학습일지라도 모든 내용을 놀이로만 할 수는 없다. 일반적으로 수학적 놀이는 교구 같은 것을 가지고 게임과 같은 활동을 주로 하기 때문에 모든 내용을 반영하기에 어려움이 있다. 또한 놀이로 이루어지는 수학 내용이 수학의 핵심적인 내용을 반영한 것도 있겠지만 그렇지 않은 경우도 있다.

그럼에도 불구하고 초등교육에서 활동은 대단히 중요하다. 놀이를 통해 수학을 배운다는 것은 관찰하고 발견하며, 그 속에서 놀이 요소와 규칙을 찾는 것이다. 따라서 배워야 하는 내용에 대한 흥미유발 외에도 배우고 있는 개념이 무엇인지 이해를 보강하거나 나중에 종합적으로 적용하는 능력을 키우기 위한 것이다. 따라서 놀이를 통해 학생들이 흥미도 느끼고 적절한 연습을 하는 것이 무엇보다 중요하지만, 학습과 연결되는 수학적 놀이가 되기 위해서는 활동 후에 약간의 정리할 기회를 갖는 것도 필요하다. 활동을 하면서 나타난 수학적인 현상이나 수학적인 요소를 인식하고 또한 수학과 무관했던 정보를 분류함으로써 수학적 구조와 연결해내는 일련의 과정도 포함될 필요가 있다.

딘즈(Z. P. Dienes) 역시 놀이의 소재가 되는 여러 구체물 속에 공통적으로 들어 있는 특정 개념의 수학적인 구조를 파악하고, 게임을 통해 알게 되는 규칙성을 적절한 방법으로 표현하는 기회가 많이 제공되어야 한다고 하였다. 예를 들어 바둑돌 8개를 두 접시에 똑같이 나누어보는 활동, 12개를 3개로 나누어 보는 활동을 한 후에는 그것이 의미하는 바가 무엇인지 나타내 보거나 말해보는 기회를 갖는 것이다.

여학생 친화적 학습

과거의 많은 연구에서 공식을 활용한 문제해결이나 대수에서는 여학생의 성취도가 높고 기하는 남학생이 더 강하다고 알려져 있다. 특히 남녀의 시각적 공간 지각력에서는 성차가 더 크게 나타난다는 것이다.

2003년부터 2011년까지 3개 주기 동안 실시된 TIMSS(Trends in International Mathematics and Science Study)에서 나타난 우리나라 중학생들의 기하 영역에서의 성별 차이를 보면, 입체도형의 모양을 묻는 문제에서 남학생의 평균이 높게 나타났으며 그 밖의 인지요소들에 있어서도 기하적 측정과 대수를 활용한 기하를 제외하고는 남학생의 평균이 다소 높은 것으로 나타났다.

여학생을 변별하는 문항은, 복잡한 내용에 속하지는 않지만 정형화된 문항이 아닌 열린 문항(open ended)이었다. 반면, 남학생은 복잡성이 있는 문항에 대해 변별이 생기는 경향이 있는데, 주어진 조건을 활용하여 푸는 정형화된 문항이지만 여러 단계를 적용해야 하는 문항이었다. 또한 여학생은 도형의 구체적인 성질 보다는 경험이나 시각적 직관에 의해 문제를 푸는 경향이 강하며, 남학생은 구체적인 도형의 성질에 의거하여 문제를 풀려는 경향이 강한 것으로 나타난다.

따라서 여학생에게 수학을 지도함에 있어서는 기하 영역에서의 비정형화된 문항이나 열린 문항에 대해서 보다 다양한 경험을 할 수 있도록 안내할 필요가 있다.

사실 수학 교육계에서는 여학생의 성향을 고려하여 여학생 친화적인 기하 학습을 시도하고자 하는 노력을 기울여 왔으며, 최근 들어서는 공간 지각력을 다룬 입체도형의 모양 변환에서 여학생의 성취도가 향상되었다.

질문

난이도 상인 어려운 문제는 맞으면서도 난이도 하인 쉬운 문제는 틀리기도 한다. 학교 수학시험 역시 편차가 심한 편이다. 왜 이런 일이 생기나?

코멘트

위 학생에 따라서는 문제의 난이도가 높고 낮음이 문제가 아니라 수학의 영역(수학 내용)에 따라 어려워하는 내용이 확연히 다른 경우가 있습니다.

어떤 학생들은 쉬운 문제임에도 공간 감각 문제로를 특히 어려워하는 경우도 있습니다. 공간 감각이 부족한 학생들에게는 아무리 쉬운 문제도 어렵게 느끼기 때문입니다.

같은 도형 문제라 할지라도 측정 영역(공식을 적용하여 푸는 문항)에 가까운 문항은 난이도가 상이라 해도 공간 인지 외에 계산이라는 인지적 요소가 들어간 문항이기 때문에 곧잘 풀기도 합니다. 위의 질문을 한 학생의 경우에는 전형적으로 머릿속에 공간도형을 추측하는 힘이 부족해 어려움을 겪는 학생이었습니다. 또한 이 학생이 학교 시험에서도 편차가 컸던 이유는 쌓기 나무, 비와 비율, 비율그래프, 등 시험이 영역별로 출제되었기 때문입니다.

따라서 아이가 수학시험에서 편차가 심하다면, 영역별로 아이가 잘하고 못하는 게 다르거나 좋아하는 영역이 다를 수 있기 때문이므로 주의 깊게 관찰 한 후 부족한 영역에 대한 근본적인 학습 지원이 필요합니다.

틀리지 않기 위해

틀리지 않는 것이 실력이라고 인정되는 요즈음 현실에서 아이들은 틀리지 않기 위한 수학을 공부를 하고 있다. 이렇게 틀리지 않기 위한 수학공부의 폐해는 실로 심각하다. 수학교육의 목적을 송두리째 흔들고 있는 실정이다. 많은 학자와 정책가들이 문제점을 인식하고 노력을 기울이고 있긴 하나 적극적인 교육정책 변화를 통해 바뀌어야 하는 현실이다. 자, 그러면 앞으로 이 문제는 해결되어갈 것이라는 긍정적 관점에서 다음 문제를 생각해 보자.

많은 사람들은 자신의 아이가 혹은 자신이 쉬운 문제를 틀리는 것에 대해 걱정하고 이에 대한 해결책을 알고자 한다. 그러나 이러한 문제를 해결하는 근본적인 방법은 틀리는 이유에만 신경을 쓰기보다는 오히려 그 부분은 너무 신경을 쓰지 말고 보다 근본적인 수학적 능력 향상을 위해 노력을 기울여야 한다는 것이다. 즉, 틀릴 때 틀리더라도 보다 다양한 문제, 금방 답이 나오지 않는 도전적인 문제를 많이 풀어보면서 문제해결력 향상에 초점을 두어야 한다. 그렇게 하면 수학적 능력이 보다 향상되고 수학에 대한 흥미와 자신감을 갖게 되면서 자연스레 나머지 문제점은 미미하게 된다. 따라서 특히 초등학교 때는 수학 문제를 풀다가 실수로 틀리는 것에 대해 너무 신경 쓰지 않는 것이 바람직하다.

사실 '틀린 문제'는 아이들의 고민이기도 하지만 어려워서 틀린 문제가 수학 학습에서는 가장 중요한 반전 포인트이기도 하다. 아이가 이것에 대해 어떻게 반응하고 어떻게 처리하고 넘어가느냐에 따라 수학에 대한 흥미와 능력 향상이 달라진다. 먼저, 틀린 문제는 스스로 먼저 오답정리를 해서 해결하는 습관을 기르도록 지도한다. 여기서 틀린 문제 정리는 가르치는 사람 중심이 아닌 아이 중심의 정리가 되어야 하며 혼자서 해결하지 못할 때에만 적절한 도움을 준다.

즉, 어려워서 틀린 문제는 적절한 도움을 준다하더라도 결국 아이가 스스로 해결하도록 한 후 스스로 해결했다는 것을 아이가 인식할 수 있도록 해야 한다. 또한 이에 대한 칭찬과 격려까지 더불어 주어지는 과정이 가장 이상적이다.

관찰내용

엄마가 아이가 푼 문제집을 채점한 후 쉬운 문제를 실수로 틀렸다고 아이를 야단치고 있다. 그리고 난 후 틀린 문제를 따로 정리해주면서 다시 풀어주고 있다.

코멘트

중요한 것은 아이가 실수해서 틀리는 것에 대해 엄마가 너무 민감하게 반응하지 말고 아이가 학습에 집중하는 것입니다. 그리고 아이가 실수를 너무 많이 하는 것이 걱정된다면, 아이한테 그 부분에 대해 노골적으로 표현하기 보다는 다 끝난 과정에 대해 아이 스스로 점검하는 태도를 갖도록 하는 것이 더 바람직합니다.

또한 어머니가 적극적으로 아이를 도와주고 이해시키고 싶어 하는 마음은 충분히 이해가 되지만, 틀린 문제는 아이 스스로가 다시 해결하고 이해해야 하는 부분입니다. 일방적인 오답에 대한 설명과 가르침 보다는 아이가 오답을 체크해보고, 풀어볼 수 있도록 합니다. 가르치는 사람은 아이가 어려워하는 부분에서만 도와주는 것이 바람직합니다.

여기서 도와준다는 것은 처음엔 간접적으로 아이가 틀린 문제에 대해서 조건을 다시 보게 하거나 문제를 다시 인지하게 하거나 주어진 그림을 다시 관찰시키거나 하는 정도면 됩니다. 그 다음에도 아이가 어려움을 겪는다면 단계적으로 살짝 살짝 힌트를 제공해야 합니다. 문제를 푸는 핵심 아이디어는 아이가 찾아야 하며 도움을 주는 사람은 아이가 찾아 나갈 수 있도록 이끌어야 합니다. 그리고 여기에 한 가지 덧붙이면, 아이가 틀린 문제를 다시 풀 때 새로운 통찰이 생겨나서 그 문제를 해결해 냈다면 그것에 대한 적극적인 지지를 해 줌으로써 아이에게 자신감을 주고 수학에 재미를 느껴 나갈 수 있도록 하는 게 좋습니다.

틀리는 이유를 찾아서

아이가 문제가 어려워서 못 풀거나 틀린 것이 아니라 사소한 실수를 반복적으로 한다면 이것은 습관에서 해결책을 찾을 수 있다. 아이가 반복적으로 실수를 하고 있고 이를 교정하는데 있어서 다음과 같은 방법이 도움이 될 수 있다.

먼저, 저학년인 경우, 잠시 다른 일이나 활동을 하면서 아이의 주위를 환기시킨 후 자연스럽게 한 번 더 문제를 읽어보게 한다. 아까의 실수를 본인이 굳이 인지하지 않아도 되며, 틀리고 맞는 것에 집중하지 말고 즐겁게 학습할 수 있도록 한다.

고학년인 경우는, 자신이 실수한 부분이 어떤 부분이었는지 본인이 인지할 수 있어야 한다. 대부분의 실수라는 것이 단순 계산 실수 외에, 문제에 주어진 조건을 놓치거나 착각한 경우가 많으므로 문제에서 요구한 조건들을 나열해서 써보거나 하는 방식으로 문제에서 필요한 조건을 놓치지 않는 습관을 가질 수 있도록 한다.

또한 고학년에서 아이가 실수로 인해 자주 틀린다면 그 틀린 유형이 어떤 것인지 점검해 볼 필요가 있다.

첫째, 쉬운 문제라도 연습이 덜된 상태인 것인지,

둘째, 알긴 알지만 정확한 의미(수학적 의미를 형식적으로 알고 있지만 그것의 내재된 의미)를 모르는 상태인 것인지,

셋째, 예전에 풀었던 문제에 고착되어 문제를 푼 경우(문제의 조건이나 구하고자 하는 내용이 달라졌음에도 불구하고 알아채지 못하게 됨)에 해당되는지,

넷째, 쉬운 문제라고 생각하는 순간 긴장감을 풀고 집중력이 떨어진 경우 등에 해당된다.

첫 번째와 두 번째가 주로 아이들한테 많이 나타나는 현상인데, 엄

밀히 말하자면 이 두 가지는 학습이 완전히 된 상태라고 볼 수 없다. 그리고 세 번째와 네 번째인 경우에는 아는 것에 한해서는 실수해서 틀리지 않도록 하겠다는 동기를 가지면 도움이 된다.

마지막으로 차분하고 신중한 학습태도가 있는 아이임에도 실수가 잦다면(왜 실수가 잦은지 면밀한 관찰을 해 봐야하며 단정 지어 말하긴 어렵지만) 집중을 못한다거나 성급한 태도로 인해 실수하는 것은 아닐 것이다. 이런 아이인 경우에는 긴장을 지나치게 해서 나타나는 현상일 수 있다. 따라서 아이가 갖고 있는 차분하고 신중한 학습태도를 많이 격려해주고, 아이의 실수에 대하여 아이나 부모 모두 지나치게 신경 쓰지 않는 것이 좋다.

관찰내용

자신감 있게 모든 문제에 도전하나, 익숙한 문제를 풀 때는 덜 집중해서(덜렁거려서) 틀리는 문제가 보인다. 예를 들어, 문제에 주어진 수를 다른 수로 풀이함(문제는 224인데 아이는 244로 쓰는 등).

코멘트

문제를 급하게 건성으로 읽음으로써 조건을 놓치는 경우가 있으므로 문제에 주어진 조건(수)에 밑줄을 긋거나 동그라미표기를 하여 읽고 그것을 정확히 풀도록 하여 실수를 줄이는 방법도 있습니다.

위 사례자는 자신이 전에 풀었던 문제와 유사하면 그 문제와 같은 유형의 문제일 것이라 추측해서 신중하게 생각하지 않고 풀었을 가능성이 큽니다. 익숙해지면 덜렁거려서 실수가 많아지는 타입이므로, 이러한 실수를 방지하기 위한 긴장감만 조금 가지면 되겠습니다.

긴장감을 갖도록 하는 방식 중 한 가지 예를 들자면, 1개 맞을 때마다 점수가 높아져 가는 방식이 아니라, 문제를 하나 틀릴 때 마다 100점에서부터 점수를 위에서 아래로 깎아 내려가는 방식으로 채점합니다. 이러한 방식은 내가 점수를 잃을 수도 있다는 생각으로 인해서 자신이 실수할 수 있는 부분에 더 민감해지면서 세부적인 것에 신경을 쓰게 됩니다.

그러나 아이의 채점 방식을 바꾸어 실수를 줄이게 만드는 것 보다는 어려운 문제도 늘 과감히 도전하는 태도를 칭찬하는 것이 바람직합니다.

학원은 가야하나 말아야 하나?

학원에 보내야할지 말아야 할지를 결정하는 것은 쉬운 문제는 아니다. 이는 부모가 아이를 잘 관찰해서 필요성도 판단해야 하고 아이의 이야기도 진지하게 들어봐야 하는 문제이다.

학원에 다니게 되면 부족한 공부를 보충하고 학원에서 자기 수준에 맞는 수업을 들을 수도 있는 등의 장점이 있기도 하지만 학원을 다님으로써 생길 수 있는 폐해도 있다.

먼저, 어떤 학원은 학교 진도보다 빠른 속도로 진도를 나가다 보니, 수학 내용을 피상적이고 수박 겉핥기식으로 가르치게 되는 경우가 있다. 이런 경우에도 아이는 자신은 그 내용을 배웠다고 혹은 안다고 생각해서 학교 수업에서는 흥미를 잃고 활동에 적극적으로 참여하지 않을 수 있다는 점이다.

두 번째, 학교에서 나가는 진도와 학원의 진도가 다른 경우가 대부분이며 이로 인해 해야 하는 과제 양이 많아지면서 아이가 스스로 생각할 시간을 충분히 가지지 못 할 수 있다.

세 번째, 어떤 학원 수업은 유형화 학습이라 하여 풀이 방법을 유형화하여 암기식으로 접근하기도 한다. 그러나 반복적, 주입식 문제풀이 중심 교육은 문제해결력을 키우는 것이 아니며, 이러한 수학 학습에 길들여진 학생은 새로운 문제에 대한 적응력을 잃고 새로운 유형의 문제를 접할 때 두려워하거나 도전하지 못한다.

네 번째, 학생들의 인지적 발달 단계보다 지나치게 앞서간 선행은 학생들의 수학에 대한 어려움을 가중시켜 불필요하게 자신감을 상실하게 하거나 사교육에 의존적인 태도를 만든다. 이는 오히려 수학 학습에 대한 자생력을 떨어뜨리는 결과를 가져온다.

아이에게 선행이 필요하다고 판단된다면, 학생의 인지적 상태와 필요성에 맞게 해야 한다(학생에게 맞는 적당한 선행 진도를 선택해야 함). 전체적인 개념과 도달해야 할 목표가 어디인지 아는 정도의 선행학습을 진행하면서 학생들의 지적 호기심과 자신감을 키워주는 선에서 진행하는 것이 효과적이라고 할 수 있다.

다섯 번째, 완전학습을 주장하면서 반복적으로 연습시키거나 장시간 학원에 머물게 하면서 과다한 숙제를 내 줌으로 인해 학생들이 기계적으로 학습에 임하는 경우가 있다. 지나친 문제풀이와 의미도 모르는 알고리즘적 연습은 당연 지양해야 할 사항이다. 학습심리학자 휼(Hull)에 따르면 지속적인 반복적 행위를 계속하면 신체적(피로), 심리적(권태, 싫증) 억제 현상이 나타난다는 것이다. 반복적이고 기계적인 수학 학습은 뇌를 능동적으로 사용하지 않고 수동적으로만 사용하게 하고 오히려 수학 학습에 피로감, 권태감이 연합된 감정이나 신체반응으로 나타나게 된다는 점을 주목할 필요가 있다.

장시간 수학문제를 붙들고 앉아 있는 것이 좋은 것이 아니라 짧은 시간이라도 의미를 부여하고 즐거움을 느끼면서 생생한 학습활동을 하는 것이 반응성 제지(Reactive Inhibition)를 일으키지 않는 방법이 된다.

따라서 아이와 학원에 대해 의논하는 과정에서 수학에 대해 질리고 피곤하고 부정적인 정서와 신체반응을 호소한다면 반응성 제지를 해소하는 방안을 부모가 고민해 봐야한다. 그리고 또한 아이가 특정 학원을 지지하거나 싫어한다면 그 이유와 원인에 대해서도 진지하게 들어봐야 한다.

또한 많은 부모들이 고민하는 내용 중 하나가 우리 아이 사교육을 위해서 학원을 보내야할지 개인 지도를 시켜야할지 등이다. 이 질문은 부모입장에서 판단할 문제이다. 이것은 선택하는 데 있어서 변수가 너무 많아서 일반적으로 이야기하기 어렵다. 아이의 성적, 성향, 경제력 등을 고려해서 결정하는 문제이며, 학생에 따라서 사교육의 효과가 다르므로 일반적으로는 이야기하기 어렵다. 일반적으로는 성적이 '상'이거나 '하'인 학생은 개인지도가 더 좋을 수 있고, 중간 정도의 학생들은 학원에서 효과를 보는 경우가 많다고 하지만 이 역시 아이에 따라 다르다고 할 수 있다. 학원과 과외도 가르치는 사람에 따라서 차이가 많이 나며, 수준이 미흡한 학원 강사도 많고 용돈에만 관심 있는 개인 지도 대학생들도 많을 것이다. 어쩌면 어떤 방법보다 어떤 사람이 가르치느냐가 더 중요할 것이다. 가르치는 사람의 지식, 교수능력, 열정, 학생의 이해 정도 등이 중요한 일이다. 또한 무엇보다도 가르치는 것을 좋아하는 사람을 찾는 것이 가장 중요한 일이다. 따라서 이 문제는 건강을 위해서 어떤 운동이 좋은가에 대한 질문과 같은 선택이라 본다.

관찰내용

6학년 학생인 사례자는 중학교 2학년 도형 내용을 학습하고 있다. 그러나 나오는 용어에 대하여 “도형에 이상한 단어들이 나온다.”고 말하면서 기호나 용어(개념)에 대한 정확한 이해를 어려워하고 있다. 도형 문제를 반복해서 풀고 있으나 계산 문제는 다 맞는데 반해서 개념을 묻는 문제는 틀리고 있다.

코멘트

선행의 의미를 미리 그 내용을 모두 다 습득하고 간다는 개념으로 접근하면 안 될 것 같고 선행을 해야 한다면 앞으로 배울 내용이 어떤 내용이라는 것을 미리 경험하고 모르는 부분을 파악해서 학교에서 확실히 알아가고 채워가는 정도로 하는 것이 나을 것 같습니다. 선행학습보다는 요즘 유행하는 거꾸로학습[1] 같은 개념으로요.

수학에 대한 수학성취도는 높지만 흥미나 가치는 낮은 학생들이 더러 있습니다. 이러한 학생들 중 많은 학생이 부모가 무리하게 선행학습을 강요하고 학원과 집에서 많은 연습과 훈련을 한 것으로 나타납니다. 이런 아이들은 수학을 좋아하거나 수학에 흥미를 느끼지 못하면서 기계적인 훈련과 암

1) 수업 전에 수업에서 필요한 내용은 미리 학습해오고, 실제 수업 시간에는 미리 습득한 내용을 바탕으로 학생들이 직접 활동을 할 수 있는 기회가 제공되는 수업을 의미한다. 실제 수업 시간에는 본인이 학습한 내용 및 수준을 바탕으로 개별화된 수업을 진행할 수 있는 형태로 전환된다. 따라서 수업시간은 학생들이 고차원적인 문제를 해결하기 위한 시간으로 활용하거나 개념을 다양한 각도에서 그 의미를 이해하는 시간 등으로 활용한다.

기에 의해 학교에서 요구하는 수학성적을 받아냅니다. 하지만 내면으로는 수학이라면 머리를 절레절레 흔들 정도로 지겹고 하기 싫다는 생각과 느낌이 강하다고 합니다.

따라서 지나친 선행은 지양해야 할 사항입니다. 또한 선행을 하더라도 지도상의 절차를 따르는 게 좋습니다. 위 사례자를 예로 든다면, 먼저 아이가 그 단원의 성취기준에 도달할 수 있는 학습을 하고 있는지를 확인해야 합니다(예를 들어 성취기준이 '삼각형의 내심, 외심의 성질을 이해하고 설명할 수 있다' 라면). 이러한 성취기준에 도달하기 위해서 보통 이 단원은 다음과 같은 내용이 포함됩니다.

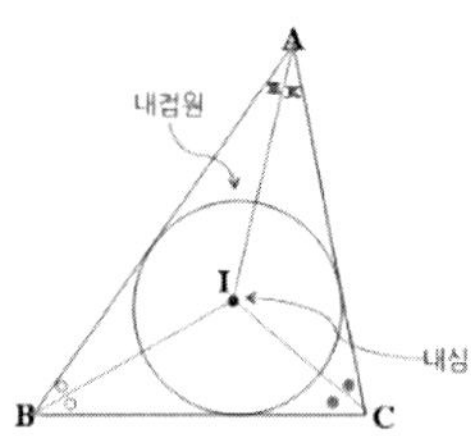

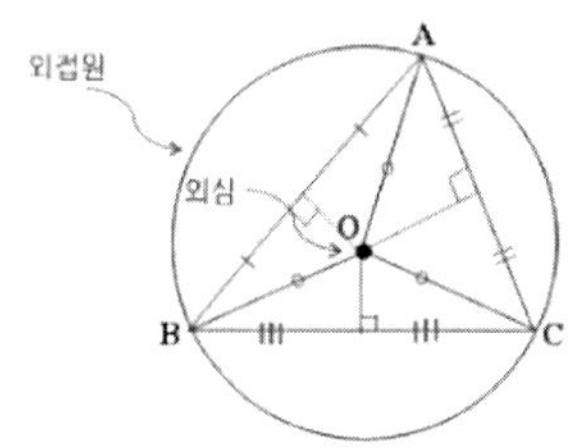

- ► 삼각형의 외심과 내심을 종이접기나 작도 등의 활동을 통하여 찾아본다.
- ► 삼각형과 원에서 접선, 접점, 내접, 내접원, 내심, 외접, 외접원, 외심, 등의 용어를 정확히 이해하도록 한다.
- ► 삼각형의 내심과 외심의 성질이 성립하는 이유를 공학도구나 조작 활동을 통하여 정당화 활동을 한다.
- ► 각의 이등분선의 성질과 선분의 수직이등분선의 성질을 이해하고 이를 활용하여 내심과 외심의 성질을 보일 수 있도록 한다.
- ► 내심과 외심을 구분하지 못하고 혼동하는 경우가 많으므로 내심과 외심의 정의와 성질을 비교하여 설명한다.

그러나 이 사례자는 선행은 하고 있으나 이러한 교수 · 학습 방법을 통해 기하에서 키우고자 하는 본질적인 능력을 키우고 있는지가 관건입니다.

문장제 문제

문장제 문제는 문제 이해가 반이다. 문제 해결 지도에서 폴리아(G. Polya)는 문제 이해를 중시하였다. 많은 아이들이 문장제 문제를 어려워하는 것이 사실이다. 이러한 아이들의 대부분이 수학적 문장을 읽고 이해해 보는 경험이 적어서, 문장을 읽고 그 문장 속의 정보를 어떻게 해석하고 분류해야하는 가에 대하여 미숙하다. 따라서 문장제 문제를 풀 때는 아이가 문제를 충분히 이해했는지를 먼저 점검하고 문제 이해를 먼저 도와주어야 한다.

읽기 이해력과 수학 문장제 문제해결력과는 높은 상관을 보인다. 따라서 문장제 문제에 대한 어려움을 낮추기 위해서는 읽기 이해력을 높여야 할 필요성이 있다.

아이가 문제를 제대로 이해했는지 점검해 보는 방법 중 하나는 문장제 문제를 소리 내어 읽혀 보는 방법이 있다. 만일 문장을 읽어나가면서 문장의 청크(의미를 가진 덩어리)대로 끊어 읽는 것이 제대로 되지 않는다면 문제가 충분히 이해되지 않은 것이라 볼 수 있다. 또한 문제를 읽고 난 후 아이에게 자신의 말로 문제를 표현해보게 하는 것도 상당히 좋은 방법이다.

수학의 실생활과의 연계성이 중요시되면서 모든 개념을 실생활과 관련지어 설명하거나 문제를 제시하는 경우가 많아지고, 아이들이 접해야하는 문장제 문제의 수나 종류도 다양해지고 있다. 따라서 문장제 문제에 대하여 익숙도와 자신감을 높일 필요가 있다.

문장제 문제에서는 문제를 이해하고 문제에서 필요한 조건들을 이용하여 식으로 나타내는 것에 실패함으로써 문장제 문제를 풀지 못하는 것이 대부분이다. 따라서 문장제 문제를 식으로 세우는 방법이 잘 학습되어야 한다.

문장제 문제를 식으로 세우기 위한 전략

1. 문제의 전반적 이해
   (Tip: 문제를 소리 내서 읽어 볼래?/문제를 읽고 네가 이해한 대로 말해 볼래?)
2. 문제에 주어진 조건 구분(알려준 것, 구하라는 것)
   (Tip: 구하려는 게 뭐지?/ 문제에서 꼭 알아야 하는 부분이 어디지?/조건에 밑줄을 그어 볼래?)
3. 해결 방법 생각(수학적 구조 파악, 수학적 구성 요소 찾기)
   (Tip: 어떻게 구하면 될까? 문장에서 수학식으로 바꿔야 하는 부분이 어디지?)
4. 다양한 전략 활용하기(그림으로 나타내기, 비슷한 문제 생각해 내기)
   (Tip: 그림으로 나타내 볼래?/전에 풀었던 문제 중 비슷한 문제는?)

관찰내용

아이는 기본 연산에 어려움은 없으나 문장제 문제를 특히 어려워한다. 문장제 문제만 접하면 침착하게 푸는 것이 아니라 당황하고 도전하기도 전에 자신 없어 한다. 가르치는 사람은 본인이 문제를 한 번 읽고(아이는 이해 못했는데), 아이에게 풀어보라고 재촉한다.

코멘트

요즘 실생활 연계 문제가 중요해지는 추세에서 아이가 문장제 문제를 기피하는 현상을 극복하지 못한다면 학년이 높아갈수록 수학 불안이 커지거나 문장제 문제에 아예 도전하지 않으려는 기피 현상이 심화될 수도 있습니다.

위 사례에서는 아이가 문장제 문제를 풀지 못하는 이유에 대해 파악하지 않고 풀이만을 강조하는 모습을 보이고 있습니다. 문장제 문제에서는 문제 이해와 식 세우기가 제대로 되어야 합니다. 이를 위해서는 두 가지에 초점을 맞추는 것이 필요합니다.

먼저, 문제 이해가 제대로 되었는가를 파악해야 합니다. 문제를 읽고 나면 어떻게 이해했는지 되물어 보거나 이해 안 되는 부분이 무엇인지를 물어보는 게 좋습니다. 그 후 아이가 모르는 부분을 재 발문(혹은 짚어 주어야 함)하여 문제를 확실히 이해할 수 있도록 합니다.

두 번째, 아이는 문장에 나와 있는 어떤 내용(단어)을 수식으로 바꾸어야 하는지를 모를 수 있습니다. 위 사례의 문제에서 '기준 시각의 전 후 시각'을 묻는 문제가 포함되어 있었는데, 이 아이는 '전 후 시각'이란 말을 수학적으로 어떻게 표현해야 할지 모를 수 있습니다. 따라서 문제 이해가 끝난 후에는 문장 안에 나와 있는 내용 중에서 수식으로 바꿔야 할 부분을 체크하여 어떤 수식으로 세워야 할지 차분히 짚어 나갈 수 있도록 해야 합니다.

스토리텔링 수학은 어떻게?

최근 수학교육에서 수학적 의사소통을 강조하고 있다. 일부에서는 수학적 의사소통을 스토리텔링으로 오해하는 경우도 있는데, 정확하게 표현하면 수학적으로 의사소통하는 힘을 말하는 것이다. 즉, 수학적인 아이디어를 말로 설명하고, 글로 나타내고 다른 사람의 수학적 아이디어를 알아듣고 적절히 질문하는 것이며 이 때 무엇보다도 적절한 수학적 표현을 이용하는 것을 중요하게 여긴다.

수학에 스토리텔링을 도입한 것은 개념 · 원리를 이해함에 있어서 현상이나 실제적인 상황을 접목하려 하는 것이며, 흥미와 관심, 더 쉬운 접근, 수학 지식의 전달 방법에 변화를 꾀하기 위함이다. 또한 아이에 따라서 기호나 수식이 처음부터 주어지면 부담스러워할 수도 있으므로 수학에 대한 막연한 불안감을 해소하고자 하는 방법 중 하나로 도입한 것이다.

어떤 문제집에서는 스토리텔링형 문제를 과도하게 제시하기도 하며, 문제집에 들어 있는 내용 중에서 스토리의 의미가 수학 내용에 적합하지 않은 것도 많이 있어 오히려 수학의 의미를 혼란스럽게 만들 수도 있는 문제점도 양산되고 있다. 또한 일부 부모들은 이를 과다하게 받아들여 어떻게 대비해야 하는지에 대한 불안과 걱정을 토로하기도 한다.

스토리텔링을 수학에 접목한 것은 그저 '이야기가 정보를 제공하는 데 매우 유익하다'는 점, 즉, '이야기를 지식과 결합시켜 학생들의 기억을 도와줄 수도 있다'는 장점으로 도입된 교수학습 방법인 것이다. 따라서 '스토리텔링 수학 학습법'이란 고유 영역이 따로 없다고 보면 된다. 아이들이 형식적인 수학만을 다루는 것이 아니라 흥미 있어 하는 이야기를 덧씌워서 학습 자료를 다루거나 교수·학습 방법에 변화를 주는 것이다.

가령, 해리포터가 퀴디치 경기에서 일어나는 흥미 진지한 상황을 생동감 있게 설명하고 비행 경로에 대해 생각해 보면서 일차함수의 식이나 좌표평면을 배웠다고 한다면 이것은 일차함수식을 형식적으로 배우기 전에 이야기를 입혀서 수식에 대한 적절한 상황을 표현하고자 한 것이다. 그리고 해리포터가 퀴디치 경기 중 어느 위치에 있는지 나타내 보라는 문제가 주어졌다면 이야기를 몰라도 문제는 풀 수 있는 것이 사실이다. 이런 것이 바로 스토리텔링 수학이다. 단지, 이야기를 읽어나가다 보면 그 안의 수학적 내용이나 원리를 보다 생동감 있게 느낄 수 있도록 하는 것이 취지인 것이다.

그렇다면 이런 취지를 살린 교수·학습 방법을 어떻게 더 효과적으로 활용할 수 있을까? 이야기는 혼자 읽을 수도 있지만 누군가와 함께 하면 더 좋을 수 있다. 가령, 이야기 읽는 것을 엄마가 도와주거나 역할을 나누어 읽어보는 것도 좋다.

또한 아이가 문장에 들어있는 수학적 의미를 파악하지 못하였을 경우에는 그 부분에 대해 조금 더 생각해 볼 수 있도록 유도한다. 예를 들어, '의 좋은 형제'를 스토리텔링으로 만든 수학 내용에서, '형님네 식구와 우리 식구는 모두 6명이니 쌀 12가마를 똑같이 나누어 가져야합니다.' 라는 문장 안에 들어 있는 수학적 의미를 파악하지 못했다고 하자. 이런 경우 문장에 대한 이해와 더불어 그 안에 들어있는 수식을 어떻게 적용할 것인지 아이와 함께 이야기해 보는 것이다.

질문

아이가 읽을 수학 스토리텔링 책 중 어떤 책을 사야할지 고민하고 있다. 어떤 내용의 책을 사야할지, 어느 정도 분량의 책을 사야할지, 전집류로 사서 갖추어 놓고 아이가 언제든 읽을 수 있도록 해야 할지도 생각해보고 있다. 더불어 5학년 아이에게 독서지도를 어떻게 해야 할지도 고민이다.

코멘트

전집류를 갖추어서 아이가 영역별로 읽는 것도 방법이기는 하나 자칫 아이들을 질리게 할 수도 있습니다. 어떤 책이든 흥미 없이 읽는다면 효과가 떨어지기 마련인데, 특히 수학이나 다른 목적을 위해 책을 강압적으로 읽어야하는 것으로 비춰진다면 수학에 대한 흥미도는 떨어질 수 있습니다. 따라서 아이가 직접 관심을 보이고 고른 책을 읽도록 하는 것이 제일 좋은 방법일 듯합니다. 그러나 아이가 책을 직접 선택하는 것이 좋지만, 그 종류와 범위가 너무 넓으므로 추천도서나 인지수준에 적합한 책을 권해주는 것도 필요합니다.

그리고 수학 스토리텔링 책을 학습과 관련지어서 읽히고 싶다면, 지금 배우고 있는 단원 내용과 연관된 책을 선택하고, 배운 내용과 연관 지어 보며 이야기를 나눠보는 것도 좋습니다.

아이들이 읽어야 하는 책의 분량은 아이들마다 수준차이가 많이 납니다. 책을 많이 읽는 아이들은 두꺼운 책들도 1주일에 1-2권 읽는 애들도 있지만, 책 읽는 것을 싫어하는 아이들은 그 보다 훨씬 분량을 줄여야 할 것입니다.

독서 지도 역시 아이의 습관과 성향을 고려해야하지만 대체적으로 1주일에 1권씩 책을 읽고 책 내용에 대해 간단히 독서장을 기록 하거나 책 내용에 대해 이야기 해 보도록 합니다. 이 때, 아이가 책을 읽기 힘들어 하거나 어려워하면 중간에 잠시 쉬면서 쉬운 책을 먼저 읽고 다시 이어가도록 해도 무방합니다.

5학년 학생이면, 하루에 30분 ~ 1시간 정도 스스로 공부하는 습관을 들여 주시는 것이 좋듯이, 책도 규칙적으로 몇 쪽 이상씩 읽도록 하면서 책을 읽고 이해한 내용이나 자기 생각을 글로 쓰거나 이야기해보는 시간을 갖도록 유도합니다.

아이가 만화로 되어 있는 책을 좋아하면 만화로만 되어 있는 책을 읽는 것도 무방합니다만 글과 함께 적절한 삽화나 사진이 나와있는 일반적인 책도 병행해서 읽도록 유도하는 것도 좋습니다. 또한 책을 정독하는 습관을 함께 길러주는 것도 필요합니다. 책을 다 읽고 난 후 전체적인 스토리를 아는 것도 필요하지만 어느 한 부분이라도 구체적이고 심도 깊게 읽고 생각해볼 수 있도록 하는 것도 중요합니다.

고호경교수가 들려주는

학부모와 학생을 위한

수학 학습 심리 이야기

ZONE 03

하고 싶어지는 수학

본 장에서는 수학 학습 정의적 영역에서의 문제점들을 짚어 본 것을 바탕으로 수학이 좋아지려면 학습 측면에서는 어떤 부분이 달라져야 하는가에 대하여 생각해본다. 특히, 수학 학습의 목표나 동기가 무엇이어야 하는지, 학습에 몰입해 보는 것의 중요성 그리고 자기조절 학습, 학습의 주도권 측면에서 어떻게 도움을 주어야 하는 가에 대하여 이야기한다.

고등학교 학생들에게 수학을 꼭 가르쳐야 하는가에 대해 회의적으로 반응하는 사람들이 더러 있다. 자신이 학창 시절 수학에 대해 얼마나 힘들어 했는가를 토로하며 자신과 같이 수학이 필요 없는 학생들도 있음을 주장한다. 수학이 공부하기 힘든 과목이라는 것과 배울 필요가 없는 과목이라는 것은 전혀 다른 상황, 다른 차원의 이야기인데도 같은 선상에 두고 주장하기도 한다.

결론적으로 이야기하자면 공부하기 어렵고 쉽고를 떠나서 수학은 현대 교양인이 반드시 배워야 할 과목이다. 분석·논리적 사고(analytical and logical thinking)와 문제해결력(problem solving)이 주요 요소인 수학적 소양(Mathematical literacy)은 현대인이 갖춰야 할 필수 능력이기 때문이다. 물론 고등학교 학생들이 자신의 진로에 따른 다른 종류의 수학을 선택할 수 있도록 하는 것은 필요하다. 모든 고등학생이 공통적으로 배워야 하는 커리큘럼은 보다 기본적인 것으로 구성하고, 수학이 얼마나 필요한 계열이냐에 따라 다르게 접근할 수 있다.

아이들이 어려워한다고 이를 무조건 줄여나가거나 가르치기 않는 것이 아니라 아이들의 인지적 수준과 감성적 특징을 고려해서 이를 잘 가르칠 수 있는 최적의 학습 방법들을 찾아내는 것이 중요하다. 아이들의 성향이나 인지적 상태 등을 잘 관찰해서 올바른 가이드를 제시해주면 얼마든지 우리 아이들은 잘 할 수 있고 성장할 수 있다.

목표

뭔가 아이 공부에 관심을 두어야겠다고 생각해서 조언을 하려 시작한 대화의 결론은 이렇게 끝나기 십상이다. '우리 아이가 수학에 왜 흥미가 없을까?', '왜 좋아하지 않을까?' 라는 고민으로 대화를 시작한다 해도 결국 '성적은 왜 이렇게 안 올라?'에 대한 걱정으로 끝나는 것이다. 즉, 부모의 학업에 대한 기대나 관심은 결국 성적에만 치중되어 있을 수 있다.

그런데 문제는 이러한 부모의 관심과 걱정은 자칫 잘못하면 아이가 지나친 수행목표[1] 지향을 갖게 만들 수 있다는 것이다. 즉, 아이가 수학 자체를 잘하기 위해서 공부하기보다는 남과의 비교에서 우

1) 수행목표는 자기 자신이 다른 사람들보다 상대적으로 능력이 더 높다는 것을 입증 내지 과시하려고 하거나 자신이 무능력하게 보이는 것을 피하고자 하는 데 초점을 둔다.

위가 되기 위해 공부하는 것이다. 다른 사람들과 비교하여 최고가 되는 것에만 초점을 두게 된다면, 과제 자체를 잘 해 내려는 동기나 과제 자체에 대한 관심은 찾기가 힘들게 된다.

이러한 수행목표 지향성을 띄는 아이일지라도 자신만의 목표를 설정해서 지속적으로 잘 해 나간다면 비록 그 목표가 학습 자체에 둔 것이 아니라 다른 사람과의 경쟁에서 우위에 있고자 하는 수행목표를 갖는 아이라 할지라도 표면적으로는 큰 문제가 발생하지 않을 수도 있다.

문제는 아이가 성적이 떨어졌거나 혹은 수학 학습 과정에서 부정적인 경험을 통해 소위 본인의 기대에 맞지 않는 '실패'라고 일컫는 결과들을 만났을 때이다. 이러한 상황을 만났을 때 극복해 나가는 태도나 마음가짐에서 문제가 발생할 수 있다는 것이다. 지나치게 수행목표 지향성을 갖고 학습을 하는 아이는 자신이 목표한 결과물을 얻지 못할 경우, 자신이 타인보다 유능하지 못하다는 신호로 여길 수 있으며 이러한 신호는 패배의식으로 전환되어 과제를 회피하는 현상을 보일 수도 있다.

자신이 노력했음에도 불구하고 낮은 점수를 받는 학생 또는 수학을 잘하지 못하는 학생으로 보이는 것을 피하기 위한 한 방편으로 수학 과제에 참여하지도 않고 수학을 포기하려는 경향을 보이기도 한다. 즉 다른 사람을 이기고 그들보다 잘하려는 목표가 자신 뜻대로 되지 않을 경우 타인과의 비교에서 자신이 부족하거나 무능력해 보이는 것을 피하기 위해 아예 수학을 포기했다고 선언해 버리기도 한다.

'난 원래 수학이 적성에 안 맞았어. 그깟 수학은 해서 뭐해, 인생에 도움도 안 되는데.' 이렇게 낮은 학습 결과에 대해서 자신의 능력이 부족해서가 아니라 노력이나 관심을 기울이지 않았기 때문이라는 구실을 만드는 것이다.

비교

사실, 비교 당하는 것만큼 짜증나는 게 없다는 이야기는 어른들 사이에서도 한다. 비교에서 내가 우위에 있으면 괜찮은데 그렇지 않은 경우에는 자존심이 상하기도 한다.

특히 어렸을 때 비교 당하면 오랜 상처로 남는다는 것을 부모 자신도 본인의 경험으로부터 이미 알고 있을 것이다. 그럼에도 불구하고 비교하는 이유는 무엇일까? 아마도 첫 번째는 우리 아이가 남들보다 잘 하지 못하는 것에 대한 속상한 마음일 것이고, 또 다른 이유는 그런 자극이 아이를 긴장시키고 변화시킬 수 있을 것이라는 기대감 때문일 것이다. 어쩌면 비교하는 부모의 마음은 자신의 아이에 대한 관심과 걱정이 조바심으로 표출된 것일지도 모른다. 그러나 다른 아이와의 비교와 걱정은 아이가 차분히 학습 그 자체에 몰입을 할 수 없게 만든다. 왜냐하면 그 아이는 다른 사람에게 보이기 위해서 하는 학습, 빠른 시간에 효과를 보이는 것에만 관심을 둔 학습자가 될 수 있기 때문이다. 그런 학습자를 우린 피상적인 학습자라 부른다.

결국, 부모는 아이가 잘 되기를 기대하며 비교를 한다고 하지만, 기대만큼 좋은 효과가 나타날 확률보다는 좋지 않은 결과를 낳을 확률이 훨씬 높은 것이다. 우세적 비교도 처음엔 남들보다 우월하다는 자부심으로 더 노력하며 잘해 나갈 수 있는 원동력이 될 수 있다. 그러나 결국엔 지나친 경쟁의식을 조장할 수 있다. 게다가 열등적 비교는 아이들로 하여금 열등감이나 낮은 자존감을 갖게 만들 수 있고 심해지면 포기 등의 결과를 낳게 할 수 있는 것이다.

부모가 아이의 수학 학습 결과를 남과 비교하지 않고 아이 자체에 대한 평가와 그 진보와 노력에 격려와 칭찬을 할 때 아이는 자기 자신한테 집중할 수 있으며 또한 학업 스트레스도 적어질 수 있다.

단기 목표, 장기 목표

수학 학습에서 단기 목표와 장기 목표는 둘 다 모두 나름 중요한 역할을 한다. 장기적인 목표를 갖는 것은 학습의 의의를 알아 나가고 학습에 대한 동기를 높이는데 도움이 되며, 단기 목표는 학습에 대한 구체적인 점검과 피드백을 가능하게 한다. 따라서 아이가 장기적인 목표를 세우고 이를 이루기 위한 구체적인 단기 목표를 수시로 설정하고 점검하면서 학습을 해 나가는 게 효율적이다.

그렇다고 어린 아이들까지 장기목표를 세워야 하는 것은 아니다. 어린 아이들에게는 장기적인 목표가 좋은 동기가 되어주지 못할 수도 있다. 예를 들어, 아이들에게 '오늘은 이걸 다하고 아이스크림을 먹을 꺼야!'라는 단기 목표는 마음에 와 닿고 실행력을 보일 수 있는 목표이지만, '이다음에 커서 이런 사람이 되기 위해서'라는 식의 목표는 공허할 수 있다. 수학 공부의 목표를 세우는데 있어서도 너무 장기적인 목표만을 설정하는 것은 어린 자녀한테는 도움이 되지 않는다.

만일 아이가 장래에 어떠한 직업을 갖겠다는 목표를 세웠다면 아이가 그 직업과 수학과의 연결을 알 수 있도록 시간을 할애해주는 것이 필요하다. 예를 들어, 방학을 이용해서 구체적인 직업 체험을 갖는 것도 좋고, 그러한 직업을 가진 사람과의 만남, 혹은 간접 체험 일지라도 보다 구체적인 경험을 할 수 있도록 하고, 그 속에서 '네가 갖고자 하는 직업에는 이러한 수학이 많이 쓰인다.'는 것을 알게 해주는 것이다. 수학이 자신에게 필요한 과목이란 것을 생각할 수 있는 계기만 되어도 좋은 동기가 되는 것이다.

그러면서 장기 목표와 관련 있는 중장기 목표(예를 들어, 3~4개월 이후의 목표 설정)를 만들어가는 것이다. 그리고 더욱 중요한 것은 아이가 어느 정도 도달할 수 있는 단기 목표들을 수시로 세우고 점검하고 이를 이루어 나갈 수 있도록 하는 것이다.

아이들이 단기 목표를 세우고 실천하는 데 있어서 그 목표에 온전히 도달할 수도 도달하지 못할 수도 있다. 도달하면 더할 나위 없이 좋으련만, 도달하지 못했을 경우는 어떻게 할까? 가령, 어떤 아이가 자신이 풀기에는 어려워 보이기 때문에 도전하기 두려워하는 문제들이 있다고 하자. 그 아이의 단기 목표는 이번 주 내로 최소 세 문제는 꼭 자신의 힘으로 풀어 보겠다는 목표를 세웠다고 가정하자. 만일 그 아이가 그 세 문제를 다 풀었다면 아마 큰 성취감을 느낄 것이다. 그러나 아이는 그 세 문제를 혼자만의 힘으로 다 풀지 못할 수도 있을 것이다. 그러나 그 중 한 문제만 풀었다 할지라도 '한 문제라도 내 힘으로 풀었으니 앞으로의 가능성이 충분하다'는 생각을 가질 수 있게 해야 한다. 그리고 그다음 주에는 또 다른 문제에 도전해 보는 목표를 세우는 것이다.

이런 과정에서 자신이 한 것들을 점검하고 계획을 조정해 나갈 필요가 있는데, 중요한 것은 그때그때 필요한 것들이 무엇인지 또한 수정해야 할 목표가 무엇인지를 점검하는 것이 필요하다. 단기 목표에 도달하지 못했다 하더라도 목표대로 이루지 못한 것에 대해 실망하고 자신을 채찍질하라는 의미는 아니다. 내가 내 목표대로 잘 해나가고 있고 그런 연습을 꾸준히 해 나가고 있다고 스스로를 격려하는 것이 훨씬 더 중요하다.

그리고 '다음 시험 수학 점수를 90점 받겠다.'와 같이 성적에 목표 설정을 두는 것도 필요하나, 모든 목표를 성적에만 초점을 두기보다 수학 학습 방법이나 태도 개선에 목표를 두는 것도 필요하다.

예를 들어, '나는 기호를 보면 왠지 위축된 기분이 드는데, 이번 달에는 기호와 관련된 책을 읽어보고, 기호로 나타내는 것을 잘 해볼 수 있도록 연습도 하고 기호와 친해지겠다. 이번 달 목표는 교과서에 나와 있는 모든 기호들을 따로 정리해 볼 것이다.' '나는 그래프로 나타낸 것을 해석하고 푸는 문제가 좋다. 이번 주에는 그래프가 나온 문제는 모두 풀어보겠다'는 등의 내용적인 것을 넣어서 목표를 설정하는 것이 좋다.

아이들은 어떻게 성취감을 느낄 수 있었을까?

성취감을 느꼈던 상황에서의 수학 학습 방법이나 이유는 아이들마다 다양하게 나타나지만, 초등학생의 경우 빈도수가 높은 순서대로 나열해 보면 다음과 같다. 먼저 '선생님이 잘 가르쳐 주어서', '예습 복습을 잘 했음', '사교육/수업시간에 열심히 들음'으로 나타났다. 그 외에도 어떤 학생들은 친구와 함께 공부했거나 수학 캠프, 수학 체험전 등의 활동에 참여했기 때문이라고도 대답한다.

중학생인 경우에도 유사하나 우선순위가 '사교육(학원, 과외, 인터넷 강의)을 받음'이 가장 높은 빈도수를 보였고, 그 다음은 '선생님이 잘 가르쳐 줌'과 '많은 문제를 풀어보았음'이 각각 2위와 3위로 나타났다. 고등학생의 경우 '많은 문제를 풀어보았음'이 가장 높은 빈도수를 보였고, 그 다음은 '사교육(학원, 과외, 인터넷 강의)를 받음'과 '예습 복습을 하였음'이 각각 2위와 3위로 나타났다.

초등학생을 대상으로 수학을 잘 하기 위해 필요한 지원이 무엇인가에 대한 질문에는 주로 잘할 수 있다는 확신을 가질 수 있도록 심리적 지원이 필요한 것으로 나타났다. 예를 들면, '격려, 칭찬 많이 해주기', '부모님이 지나친 기대 안하기', '수학 성적으로 비교하지 않기', '억지로 공부 시키지 않기' '수학을 잘해야 한다고 강요하지 않기'와 같은 것들을 잘하기 위한 지원이라고 생각하고 있다.

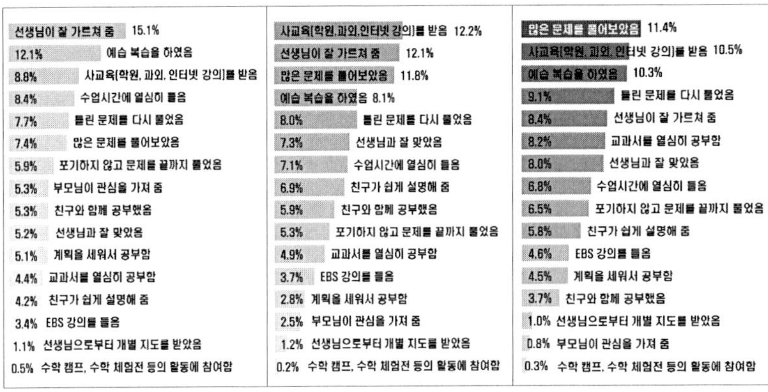

[그림] 초·중·고등학생들이 수학에 대하여 성취감을 느꼈을 때의 학습 방법(출처: 한국과학창의재단 보고서, 2015)

수학을 잘 하기 위한 학교 지원 사항으로는 '상위권 학생 위주가 아닌 쉽고 자세한 설명해주기', '다양한 방법(멘토링, 모둠, 소프트웨어 활용, 활동, 체험 등)으로 수업하기', '진도 천천히 나가기' 등이 순위대로 나왔으며, '어려운 수학 내용 줄이기', '시험 난이도 낮추기', '수학 시험 시간 늘려주기'와 같은 내용을 요청하고 있다.

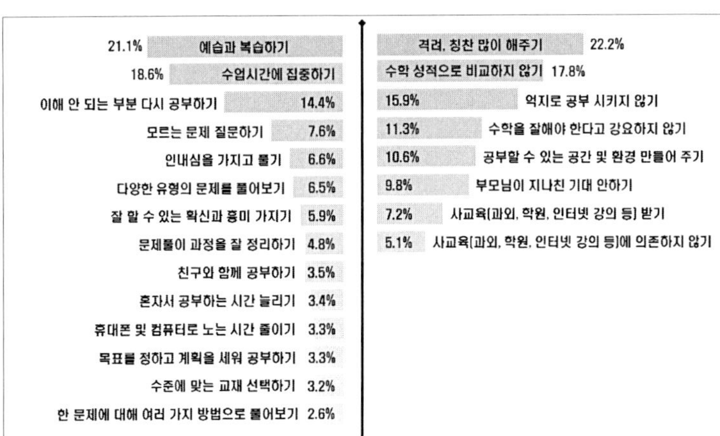

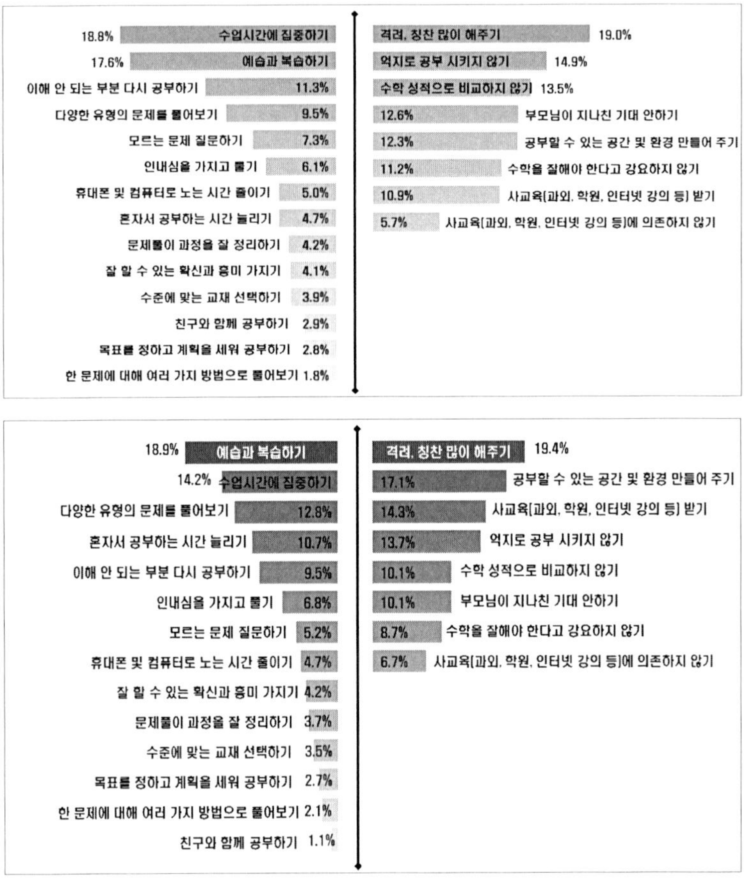

[그림] 초·중·고등학생들의 수학 성취도를 높이기 위해 필요한 사항(출처: 한국과학창의재단 보고서, 2015)

동기

부모가 강조하는 외적동기

많은 부모들이 수학의 중요성을 아이들에게 강조한다. 수학이 중요한 이유, 즉 아이가 수학을 잘 해야 하는 이유는 수학을 못하면 다른 과목도 못 하게 될 가능성이 크고 대학에 가기 어렵거나 진로 선택에 어려움을 겪기 때문이라고 한다.

수학은 과학이나 다른 여러 교과의 효율적인 학습에 기초가 되는 교과라고도 볼 수 있다. 따라서 수학은 대부분의 다른 교과들의 성공적인 학습을 위한 필수 교과이므로, 수학을 잘 해야 다른 과목도 더 잘 할 수 있다는 생각은 틀리지 않다. 하지만 그러한 이유만이 수학을 공부하는 직접적인 이유인 것으로 인식하는 것은 충분치 않다.

수학을 잘 하고 싶은 이유를 '다른 과목 학습에 도움이 되기 때문에', '대학 진학이나 직업에 필요하기 때문에', '실생활에 필요하기 때문에', '남들보다 좋은 성적을 받고 싶어서', '다른 사람보다 똑똑해 보이고 싶어서' 와 같이 설정하는 것을 '외적 동기'라 부른다. 이러한 외적 동기 자체가 비효율적이거나 옳지 않은 것은 아니다. 학교 교육 체제에서는 외적 동기 역시 중요한 동기 중 하나이다. 그러나 부모가 이러한 외적 동기만을 강조하게 되면 아이의 학습에 대한 동기가 한쪽으로만 편중되기 쉽다.

실제로 초등학생은 높은 외적 동기가 수학에 대한 흥미를 높이는데 아무런 도움이 되지 않으며 오히려 역효과를 가져온다. 즉, 외적 동기를 높게 가지면 수학 자체에 흥미는 오히려 잃게 된다는 것이다. 반면, 학년이 올라갈수록 외적 동기의 역할이 커지면서 고등학생인 경우 외적 동기가 높아지면 학습에 보다 흥미를 보이게 된다. 물론 성인인 경우에는 외적 동기가 가장 중요한 요건이며 외적 동기가 다른 모든 관심과 흥미를 지배한다고 봐도 과언이 아니다. 따라서 중요한 것은 아이의 성장에 맞추어 외적 동기를 균형 있게 강조해 나가야 한다.

초등학생은 입시나 취직에 대한 필요성을 느끼지 못할 수 있으므로, 수학의 외적 중요성을 강조하기보다는 현재 학습하고 있는 수학의 가치를 아이들 수준에서 파악하게 하면서 태도나 흥미 등의 정의적 측면에서의 동기를 갖게 할 필요가 있다.

또한 수학이 무조건 중요하다고만 강조하는 것 역시 아이들 입장에서는 그저 부담스러운 과목으로 느껴질 수 있으며, 아이들이 수학을 기피하게 만드는 하나의 요인이 되고 있다.

수학이 진로에 중요한 이유는 수학이 필요한 전공에서는 당연히 중요하지만, 그렇지 않은 전공에서도 수학을 학생 선발의 도구로 이용하는 경우가 많기 때문이다. 수학이 선발 도구로 이용되는 이유는 '수학적 능력이 있는 사람은 다른 데에서도 능력을 발휘할 것이라는 믿음'과 수학이 '변별도가 높은 교과'라는 점이다. 따라서 수학을 잘하면 입시와 취직에 도움이 된다고 볼 수 있다.

사실 미래에는 수학을 잘하면 직업 선택의 폭도 더욱 넓어질 수 있는 것이 사실이다. 현재 각 직업에서 수학이 활용되는 것들, 예를 들어, 증시곡선, 비행기 스케줄링, 생산 계획과 가격, 빅데이터 등이 모두 수학이 활용되면서 수학에 대한 새로운 유용성이 증가되고 있기 때문이다.

따라서 고등학생인 경우는 꿈이 있다면 꿈과 수학을 연결시켜 주는 게 좋다. 혹은 구체적인 꿈이 없다 하더라도 본인이 멋있어 보이는 직업이나 직종에 수학은 어떤 관련이 있는지, 자신이 앞으로 수행해야하는 일에는 수학이 어떻게 쓰일 것인지를 알려주는 것이 동기유발에 도움이 된다.

아이에게 필요한 내적 동기

수학의 진로, 직업 선택에서의 유용성, 일상생활의 문제들을 해결하는데 필요한 도구 등, 앞에서 이야기한 수학의 필요성들 외에도 한 가지 더 강조하고 넘어가야 할 것이 있다. 수학이 필요한 이유 중 하나는 '보다 인간답게 살기 위해서'이다.

수학이 갖고 있는 다양한 특성들이 학생에게 습득됨으로써 자신이 속해 있는 사회에서 일어나는 다양한 현상들을 보다 명확하게 이해하고 분석하는데 필요한 역량이 길러진다.

수학은 아름다움과 명백함 그리고 진리를 추구한다. 수학은 엄밀성, 간결성, 일반성, 논리성이라는 특성을 가진 과목이며 논리적으로 추론하는 훈련에 적합한 요인을 포함하고 있다.

여기서 '엄밀성'이란 수학의 아름다움과 그 기능을 구성하는 필수적 요소로서, 주어진 가정과 조건들로부터 논리적 비약과 오류 없이 정확한 결론을 도출해 내는 특성이다. 학생들은 이러한 사고 훈련을 통해 자신의 생활에서도 엄밀한 사고를 투영할 수 있다.

'간결성'은 최소한의 언어로 최대한의 의미를 표현하는 것으로 수학에서 사용되는 정의, 사실, 원리, 정리 등에서 간결성을 볼 수 있다. 따라서 학생들도 자신의 생각이나 의도를 간결하게 표현할 수 있고 또한 어떠한 의미를 축약해서 표현한 많은 표상들을 이해하는데 도움이 된다.

'일반성'은 주어진 특정 상황에 대한 분석을 거쳐 그 결과를 추상화시킴으로써 유사한 다른 상황에 일반화하여 적용하는 특성이다. 학생들은 귀납적인 사고에서 일반화된 사고로의 전환 능력을 키울 수 있다.

그리고 마지막 특성으로는 '논리성'인데, 수학적 활동 자체가 논리정연한 추론 과정으로 구성되어 있다. 따라서 학생들이 이러한 수학적 추론 과정을 경험함으로써 얻을 수 있는 능력이다.

수학을 학습한다는 것은 이러한 수학적 특성을 경험하고 이에 대한 매력에 빠지며 결국 자신의 사고 활동의 한 성향으로 동화시키는 것이다. 그러기 위해서는 수학 자체에 가치를 두고 흥미를 가질 수 있는 내적 동기가 아이들한테 필요하다.

사고력 향상을 위해서

앞에서 수학은 수학을 학습하는 학생들에게 논리적으로 추론하는 정신적 능력을 배양하는 이른바 정신적 도야를 목적으로 한다고 하였다. 이 말은 곧 수학은 '사고력 향상'을 위해서 필요한 과목이라는 뜻이다. 사실 많은 부모와 아이들이 "수학 공부를 왜 해야 하는가?"라는 질문에 첫 번째 목적은 아닐지라도 두 번째나 세 번째 정도에 '똑똑해지기 위해서'라는 답을 한다.

이러한 대답은 우리나라 교육에서의 발전 가능성을 시사한다. 부모나 학생이 수학을 단지 진학의 도구적인 목적으로만 보는 것이 아니라 사고력 향상을 위한 목적으로 생각한다면 우리의 교육은 많은 질적인 변화를 가져올 것이다.

도구적인 목적으로 하는 수학과 사고력을 목적으로 하는 수학은 그 내용이나 방법적인 측면에서 많은 차이가 난다. 따라서 이러한 목적을 달성하기 위한 교육의 질적 향상 역시 꾀할 수 있을 것이라 기대된다.

사실 사고력 향상 면에서 볼 때, 무엇을 배웠는지 보다는 어떻게 배웠는지가 더 중요하다. 어떤 내용이라도 그것을 통해서 아이들이 사고할 수 있도록 만들면 되기 때문이다. 예를 들어, $\frac{5}{6} \div \frac{1}{6}$ 같은 분수의 나눗셈을 계산하는 것은 알고리즘으로 학습하는 대표적인 내용이라 할 수 있다. 이 계산 과정에서 무조건 '나누는 수의 역수를 곱하라'는 절차적인 계산만 하는 것이 아니라 처음 단위를 1로 잡았을 때, 그중 5/6를 다시 1/6만큼씩 나누면 몇 개로 나눠질까를 생각해 보게 하고, 자연수에서의 계산과도 비교해 보는 활동도 같이 해 보는 것이다. 그런 다음 절차적인 계산과 연습을 병행한다면 절차적인 계산 능력뿐만 아니라 사고력 향상에도 도움이 될 것이다.

질문

외국에서는 수학을 하지 않아도 대학 진학이 가능하다고 하는데, 맞는 이야기인가요?

코멘트

외국도 너무나 다양한 상황이 있을 터라 단정 지어 이야기하기는 어렵습니다. 미국의 대학 중 많은 경우는, 수학과 관련이 있는 전공에서는 기본적인 미적분 같은 것은 다 들어야 하고, 미적분 수업을 따라갈 수 없는 학생들은 대수2를 들은 후 미적분을 들어야 합니다. 기본적으로 학부과정에서 듣는 수학은 과제 양도 많은 편이거니와 제출한 과제를 전부 채점해서 점수에 반영하기도 합니다. 어떤 대학은 고등학교 때 AP(advanced placement) 코스를 듣는 것을 요구하기도 하고, 어떤 대학에서는 AP에 가산점을 주거나 입학 후 첫 시험을 면제해 주기도 합니다. 대수2는 고등학교에서 수학을 별로 안 듣고 온 학생들이 대학에 들어와서 첫 placement test 같은 것을 통과 못하면 들을 수 있도록 개설해 놓기도 합니다. 그러나 고등학교 과목을 수강하기 위해 학점을 쓰면 정작 전공이나 자기 듣고 싶은 것을 듣지 못하므로 학점 낭비가 되는 셈입니다.

고등학생들의 수학 과목 이수 현황을 쉽게 표현하자면, 수학을 하는 학생들은 많은 내용의 수학을 학습하고, 그렇지 않은 학생은 또 거의 하지 않거나 안 해도 되는 환경이라고 보면 됩니다. 고등학교 졸업용으로 듣는 수학은 기초수학에 대수1 하나만 들어도 되는 정도이지만 AP 코스를 듣는 학생들은 대수1, 대수2, 기하학, 미적분까지 공부하기도 합니다.

음미하는 시간

수학에 대한 흥미와 자신감 그리고 수학에 대한 아름다움을 느낄 수 있는 방법 중 하나는 수학을 '음미하는 시간'을 갖는 것이다.

어떤 아이들은 무조건 수학 문제를 많이 푸는 것에만 초점을 두는데, 문제를 많이 풀어보는 것은 좋으나 그렇다고 무조건 많이 푸는 것만이 능사는 아니다. 수학을 느껴야 한다. 한 곡의 노래를 들어도 전율을 느낄 수 있다면 음악이 좋아지듯이, 한 문제라도 풀고 난 후 기쁨을 느낄 수 있다면 수학이 점점 더 좋아져 간다.

그럼, 수학을 어떻게 느낄 수 있을까? 만약 어떤 문제를 어렵게 풀어냈다고 하자. 그러면 그 순간을 음미하는 것이다. 성공한 결과에 짜릿해하면서 음미하는 것이다. 그러나 그 보다 더 중요한 것은 '내가 어떻게 아이디어를 냈지?', '내가 무슨 생각을 하다가 이것을 풀게 된 거지?'에 대한 생각을 되짚어 보는 것이다. 문제 해결 실마리가 떠올랐을 때를 회상해 보거나, 갑자기 떠오른 공식을 적용한 일 그리고 내가 차분히 문제풀이 과정을 전개했던 일 등 풀이 과정에서 느꼈던 감정과 생각을 즐기고 음미하는 시간을 갖는 것이다.

이런 방법은 수학 클리닉에도 적용할 수 있다. 예를 들어 수학에 자신없어하는 학생을 지도할 때 좋은 방법 중 하나는 수학 문제풀이나 수학 관련 활동에서 자신이 잘했던 순간을 떠올려 보게 하는 것이다. 그리고 그 순간을 보다 생생히 기억해내고, 본인은 그때 어떤 상황이었는가를 떠올리게 하는 것이다. 왜 수학을 잘 했고, 좋아했던가, 그리고 어떤 문제를 풀거나 어떤 활동을 할 때에 수학이 좋았고 잘했는가, 그리고 그 당시 본인은 그것을 위해 어떤 노력을 어떻게 기울였던가를 생각해 보도록 하는 것이다.

실생활과의 연결

수학이 생활에 도움이 된다는 것은 맞는 이야기이다. 우리 주변에서 벌어지는 많은 사회적, 자연적 현상들을 수학으로 해결하기 때문이다. 또한 학교에서 수학을 가르치는 궁극적인 목적은 주변의 현상을 수학적 사고로서 해결할 수 있도록 하는 것이다. 따라서 아이들이 실생활과의 연관성을 통해 수학 교과를 생각하는 것은 수학의 가치라는 측면에서 중요한 일이다.

그러나 사실 우리 주변의 현상을 수학적으로 해석하고 이를 해결하기 위해서는 보다 고차원적인 수학 내용이 필요하다. 초·중·고등학교에서 다뤄진 수학 내용을 실생활과 연결시킬 수 있는 실례는 그다지 많지 않기 때문에 교과서에서조차 때로는 작위적으로 연결시킨 것도 많다.

그럼에도 불구하고 수학의 실생활에서의 가치는 아이들한테 어떻게 이해시켜야 할까? 만일 아이들이 '수학이 별 필요 없네.'라고 수학의 가치를 아주 낮게 생각하는 것은 문제가 된다. 수학에 대한 가치 인식은 학습 동기나 학습 태도에 영향을 미치기 때문이다. 따라서 실생활에서 수학이 어떻게 연결되는지 알 필요가 있다. 어떤 수학이 쓰이는지는 구체적으로 알 수 없다 할지라도 수학이 활용되고 있다는 사실을 아는 것과 모르는 것은 수학의 중요성을 인식하는 데 있어서 차이가 있기 때문이다.

가령, 경제 분야에서는 많은 수학적 지식이 필요함을 여러 매체를 통해서 우리는 익히 알고 있다. 수학과 별 연결이 없을 것 같은 '국제 거래'에서도 분업과 특화, 비교 우위의 원리에 수학이 연결된다. 아이들에게 수학과 실생활을 연결시키기 좋은 소재가 '금융 생활'인데, 자산 관리 원칙과 다양한 금융 상품에서의 적금 계산식은 수학 그 자체이다.

따라서 수학을 활용해서 이러한 금융 생활을 설계해보는 직접적인 활동을 같이 해 볼 수 있는데, 예를 들어 미래의 생활과 저축에 대한 계획을 세워보게 하는 것이다(10대부터 70대까지 지출 용도, 수입 원천, 저축 수단 등 시기별로 구체적인 금액을 계산해보고 저축 계획을 세우는 것). 이러한 연결성에서 학생들은 훨씬 진지하게 수학을 공부를 할 수 있으며, 수학이 자신의 인생과 밀접한 관련이 있다고 느끼는 계기가 될 수 있다.

미국 금융권 조사를 보면, 수학 전공자에게 금융지식을 가르치는 것이 수학 비전공자에게 가르치는 것보다 빠르고 효율적이라는 연구 결과가 있다. 예를 들어 블랙 숄즈(Black-Scholes) 모형을 설명하였을 경우 미분방정식을 배운 사람은 미분방정식을 모르는 사람보다 빨리 이해한다. 사실 금융 지식 자체가 수학의 산물이라고 볼 수 있으며, 예금(이율), 보험, 증권, 주식 등이 모두 수학적인 모델을 기본으로 하고 있다. 어디에 얼마를 투자해야 얼마를 벌 수 있을지 계산하는 것 자체가 수학적 모델링이다.

이 뿐만은 아니다. 영화에서 나오는 히어로나 농민, 파티쉐와 같은 직업들은 수학과 아무 관련이 없을 것처럼 보인다. 그러나 미래에는 모든 직업들이 결국 미래 산업과 연결될 것이고, 이러한 미래 산업들(무인자동차 산업, 드론 산업 조종 · 영향평가 · 도킹 설계자 · 엔지니어, 빅데이터 분석, 3D프린터 산업-3D 비주얼 상상가 · 디자이너 · 소재 전문가 · 개발자)은 수학과 너무나 밀접한 관계가 있다.

따라서 다양한 직업과 사회적 현상을 수학과 연결 짓는 것이 가능하고 수학이 자신의 인생과 꿈에 어떤 영향을 미치는가에 대해서 아이와 이야기할 가치가 있는 것이다.

질문

우리 아이는 미술을 좋아하며 장래 화가가 꿈이라서 수학이 필요 없다고 한다. 이런 아이에게도 수학의 필요성을 말해줄 수 있을까?

코멘트

아름답다고 하는 것에는 구도가 잘 맞는 것, 비율의 오묘함, 곡선이나 직선의 조화 등이 포함됩니다. 수학은 이러한 영역을 다루는 학문 중 하나입니다.

이러한 소재로 자주 등장하는 것이 고대나 현대의 많은 건축물과 미술작품에서의 조형미, 원근법, 소실점, 구도 등이 있습니다. 이러한 소재는 조화수열과 같은 대수학과, 도형의 성질과 같은 기하학 등의 수학 내용과 연결됩니다. 더 나아가서 스파이로 그래프(spiro graph)를 디자인에 활용하는 것처럼 수학을 미술에서 직접적으로 활용하는 예도 다양하게 찾아볼 수 있습니다.

요즘은 미술책에도 수학 원리가 담겨있는 테셀레이션 기법을 활용한 책갈피 만들기, 입체 도형 만들기, 모빌 만들기 등의 활동이 소개됩니다. 또한 감성과 이성의 조화로서의 미술 활동을 위하여, 아름다움을 느끼고 그 감동을 표현하는 감성적인 활동인 미술과 자연현상을 관찰하고 분석하는 이성적이고 논리적인 학문인 수학과의 조화를 시도하고 있습니다.

많은 아이들이 미술과 수학 사이가 멀다고 생각하지만 미술은 오랜 기간 수학적인 원리를 활용하면서 발전하였음을 알 수 있습니다(고대 그리스의 황금비율, 15세기 르네상스의 원근법과 해부학, 17~18세기 카메라 옵스쿠라, 19세기 색채학). 그렇다고 현대의 미술이라고 해서 수학이 불필요한 것이 아니라 20세기 들어서서는 각종 소프트웨어나 테크놀로지로 하는 작업 등 미술의 표현 방법에 있어 새로운 기술과 매체가 활용되고 있기 때문에 오히려 수학이 더 많이 활용되고 있습니다.

따라서 미술을 좋아하는 아이에게는 그림이나 예술, 디자인에 수학이 활용되는 것들에 대해 소개해주는 것도 좋습니다. 아이가 장래 화가가 꿈이라서 수학이 필요 없다고 생각하는 것보다는 자신이 하고 싶은 분야와 수학을 연결하여 수학의 필요성을 느낄 수 있도록 이야기해주고 경험하게 해 주는 것이 좋겠습니다.

몰입

집중력이란 모든 정신을 하나의 일이나 행위에 모으고 모아진 생각을 오랫동안 유지하는 능력을 말한다. 그 사람의 성격, 주의, 의욕이 집중력과 관련된 요소로 작용한다.

상당한 수준의 수학 천재의 경우에 보통의 학습 패턴을 무시하고 그 누구도 생각하지 못했던 사고를 해낸다거나, 뚜렷한 교육과 단계적 학습이 없이도 훌륭한 성과를 내는 것이 가능했던 일화를 우리는 종종 들어왔다. 예를 들어, 오일러(Euler)의 놀라운 수학적 재능은 무엇보다도 빠른 계산과 암산이었는데 아무리 복잡한 계산도 단숨에 암산으로 했다고 한다. 하루는 오일러가 잠이 오지 않자, 1부터 100까지의 수를 각각 제곱해서 더했다는 일화가 있을 정도이다.

이러한 수학자들에게는 공통적인 특징이 있다. 그것은 바로 몰입이다. 몰입에 대한 수학자의 일화는 수도 없이 접할 수 있다. 예를 들어, 뉴턴(Newton)이 저녁을 먹으려 했을 때에는 이미 식탁 위에 앙상하게 남은 닭 뼈만 있었다고 한다. 그런데 뉴턴은 머릿속에 딴 생각으로 가득 차 있어서 자기가 그것을 다 먹은 것으로 착각하고는, "아 참, 내가 다 먹었지."라는 말을 했다고 한다. 오일러는 사흘 동안 내내 한 문제에 매달려서 고민하였는데, 손목도 아프고 두 눈도 아팠지만, 펜을 놓지 않고 다양한 숫자와 부호를 사용하여 결국 문제를 해결해 냈다고 한다. 또한 아그네시(Agnesi)는 풀릴듯하면서도 좀처럼 풀리지 않는 미적분 문제를 저녁 시간 이후부터 새벽 2시가 넘을 때까지 몇 시간 동안 포기하지 않고 계속 풀다가 그만 지쳐 잠이 들었는데, 아침에 일어나 보니 풀려 있었다고도 한다. 자다가 일어나서 풀었다는 것인데, 자면서도 계속 그 생각에 빠져 있었다는 소리다. 필자와 친분이 남다른 수학자 중 한 명은 큰 수술을 앞두고도 풀던 수학문제에 몰입하느라 두려움이나 고통을 느낄 새가 없었다고도 한다. 결국, 이런 사람들의 특징은 수학을 대할 때 몰입도가 남다르다는 것이다.

저자의 개인적인 생각일수도 있겠지만 수학을 잘하고 좋아하기 위해서는 '아이들이 어떤 목표를 갖고 있는가'보다는 수학에 몰입할 수 있는가가 가장 영향을 미칠 수 있는 중요한 요소라고 생각한다. 따라서 아이들은 수학을 공부하는데 있어서 반드시 몰입을 경험할 수 있도록 해야 한다. 몰입을 학습에만 관련지어 말하자면, 몰입은 꼭 습관 문제는 아니지만 수학에 대한 관심과 더불어 수학 공부를 체계적으로 하는 습관이 없으면 몰입에 들어서기 쉽지 않을 수 있다.

그러나 몰입을 경험한다고 해서 꼭 수학 문제를 푸는 것에서만 경험해야 하는 것은 아니다. 수학적 개념을 이해하고 탐구하는데 있어서나 혹은 어떤 수학 관련 활동에 몰입해보는 경험도 매우 중요하다. 그것이 수학 관련 책 읽기이든, 각종 체험 활동이든 수학적 게임이든 간에 수학과 관련하여 무엇인가에 몰입해 본 경험이 있어야 수학을 좋아하고 자신감도 생길 수 있다.

어려워 보이는 문제를 만나면 건너뛰는 아이

일반적으로 우리나라 중 · 고등학교 학생들을 관찰해 보면, 한 문제당 2~3분 정도 집중하다가 안 되면 넘어가거나 도움을 찾는다. 올림피아드 한국 대표에 뽑힌 우수한 학생들은 어려운 문제를 보면 급 관심을 보이며 집중하다가 대부분 2시간 정도 지나면 문제에 대한 답을 묻는다.

두 부류의 학생들이 보이는 집중 시간을 다른 것에서 찾을 수도 있겠지만 보통 중 · 고등학교 학생들이 시험에서 한 문제를 푸는데 할당된 시간은 2~3분이다. 올림피아드 문제는 한 문제당 1.5시간(국제 올림피아드 기준) 정도이고 따라서 한 문제당 최대 2시간 정도를 소비할 수 있는 것이다. 이러한 관찰을 통해서 무엇을 찾아낼 수 있을까? 올림피아드에 출전하는 학생들이 일반 학생들보다 수학 문제에 집중하는 시간이 높다는 것?

이러한 관찰을 통해서 얻어진 결과 중에서 중요한 것은, 집중도 결국 필요와 훈련에 의해서 생겨날 수 있다는 것이다. 결국, 학생들은 한 문제에 소요되는 시간에 최적화되어 있기 때문에 그 시간을 넘겨서도 못 푸는 문제는 자신이 못 푸는 문제라고 생각하는 것이다.

몰입이란 공부를 하는 전체적인 시간일 수 있지만, 한 문제를 푸는데 얼마나 집중해서 아이디어를 창출하는가이다. 제한된 시간에 맞춰야 하는 환경에서는 몰입의 시간을 늘려 나가기 쉽지 않다. 따라서 자신이 관심 있어 하는 문제에 맞고 틀리고의 결과를 떠나서 도전해보는 시간을 늘려 나가는 것이 몰입을 늘려나가는 방법이 된다.

정리하자면, 먼저 전제 조건으로 수학에 관해서는 틀리는 것에 대해 걱정을 덜어내고 도전해 볼 수 있도록 해야 한다. 아이에 따라서는 자신이 못하는 것을 받아들이는 게 힘들 수 있다. 극복할만한 내적인 힘이 없으니 도전도 어려워하는 것이다. 그런 아이일수록 '그래, 모르는 것도 도전해 보려 하니 대견하다. 이건 풀기 쉽지 않은 것이라 도전하는 것만으로도 가치가 있지.' 라는 편안함을 조성해야 한다.

그리고 아이가 한 문제에 들이는 시간을 점차 늘려 나갈 수 있도록 하는 것이다. 많은 학생들이 몇 분 내로 풀리지 않는 문제는 스스로 풀어볼 생각을 하지 않는 경우가 많다. 그러나 일단 혼자서 몰입해서 문제를 풀어내는 것을 경험하면, 문제에 대한 적응력이 급격히 높아진다.

한 문제에 얼마의 시간을 들여야 하는가는 아이의 연령이나 상황에 따라 다른 것이지 적정선이란 것은 없다. 가령, 중학교급 이상의 학생이라면 즉각 풀 수 없는 어떤 한 문제를 1시간 동안 오롯이 그 문제만 생각해보고 풀어보는 경험을 방학 중에는 일주일에 2번 이상 시도해 보는 것이 좋다.

질문

중학교 1학년인 아이가 수학책에 그림을 그리고 낙서를 잔뜩 해 놓곤 한다. 야단도 쳐 보았으나 수학책이 아니면 수학 공책에라도 낙서를 한다. 어떻게 지도해야 하는가?

코멘트

아이가 그림 그리는 것을 좋아하고 어쩌면 아이가 아주 잘 할 수 있는 특기이지 않을까요? 그림을 그리는 것이 수학공부에 방해가 돼서는 안 되겠지만,

무조건 그림을 못 그리게 하거나 책 속에서 아이가 그린 그림이 나왔다고 '공부 안 하고 그림만 그렸구나.'라고 판단하고 잔소리하는 것은 섣부른 지도일 수 있습니다. 집중이 안 돼서 혹은 문제가 너무 어려워서 그림을 그리게 되었다면, 어떤 문제가 어려웠는지 세심하게 짚어주고 어려운 문제를 해결할 수 있도록 도움을 주어야겠지요. 무조건 그림 그린 것을 걱정하고 잔소리할 일은 아니라고 봅니다. 무조건 말리기보다는 거꾸로 아이한테 오늘은 수학 수업에 잘 집중했고, 문제를 잘 풀었다면 스스로 상을 주기 위해 그 문제 옆에 그림 하나를 그려보는 활동을 해 보라고 하는 편이 나을 수도 있습니다. 그렇다면 그림 그린 것을 정말 기뻐하고 칭찬할 일이지요.

책에 그림을 그려 두는 것으로 봐서 그림을 그리면서 보낼 수 있는 시간과 수학문제 푸는 시간을 잘 구분 못하는 것일 수도 있습니다(이건 본인이 알 수 있음). 중학생 정도이면, 스스로 공부시간에는 공부에 집중할 수 있도록, 그리고 그림 그리는 것은 쉬는 시간을 이용하는 등 스스로 시간을 조절해서 할 수 있도록 지도해야 합니다. 필요하다면 부모님이 대화하기 좋은 시간과 기회를 잡아서 이야기해 줄 필요가 있다고 생각됩니다. 그러나 중요한 것은 아이에게는 공부시간도 필요하지만 휴식시간도 필요하다는 것입니다.

그리고 아이가 그림을 잘 그리고 미적 감각이 있는 것을 살려서 2학기 기하 내용에서 보다 두각을 나타내고 흥미를 갖기 위한 방안을 찾아보는 것도 좋을 듯합니다. 예를 들어, 도형과 건축, 도형과 미술과 같은 내용의 책을 읽거나 학교에서 도형을 활용한 테셀레이션 활동이나 평면도형으로 디자인하기 등의 활동도 해 보는 것을 추천합니다. 요즘은 자유학기제를 활용하여 협업할 기회가 많으니 기하 내용에 디자인을 활용한 산출물 제작을 해 볼 수 있습니다. 그리고 수학 공부하다 그림을 그리고 싶으면 수학 노트에 그래프와 같은 시각적 내용을 예쁘게 그려 넣는 활동 등으로 욕구를 해소해 보는 방법도 있습니다.

물리적 환경

몰입을 위한 특별한 환경이 있지는 않지만 우선은 아이들이 신체적으로나 정서적으로 편안한 환경이어야 할 것이다. 조용하다고 다 좋은 환경인 것만은 아니고 오히려 적당히 시끄럽고 사람이 오고 가는 곳에서 몰입이 더 잘 되는 경우도 있다.

그러나 기본적으로 갖추어야 할 물품이라고 한다면 책상, 의자, 스탠드, 칠판(화이트보드), 환풍이 잘 되는 방이라고 할 것이다.

먼저, 조명이 아이의 등 뒤에 있는 경우 그늘지고 집중에 도움이 안 되니, 이런 경우는 스탠드를 별도로 달아주는 게 좋다. 그리고 그 밖에 더 필요한 것들이나 가구의 배치 등은 아이의 성격이나 상황에 따라 적절한 환경으로 조성하면 된다. 책상과 의자는 어린 나이부터 앉아서 자신의 일을 할 수 있는 습관이 들 수 있도록 하기 위해서 아이가 편안함을 느낄 수 있는 것이 좋다. 필자는 개인적으로 의자를 제일 중시 여긴다. 어떤 의자가 좋다기보다는 당연히 앉아서 집중이 잘 되거나 장시간 앉아 있어도 불편함이 적은 의자가 좋다. 또한 아이가 오랜 시간 동안 책을 읽어야 하는 상황이라면 편하게 앉을 수 있는 의자(편하게 자세를 바꾸면서도 볼 수 있고, 바른 자세로도 볼 수 있도록)와 탁자가 한편에 있으면 더 좋다. 수학을 즐기지 않거나 불안해하는 아이일수록 수학을 꼭 딱딱한 자세로 앉아서 공부하도록 하는 것 보다는 때로는 좀 편안한 의자, 자기가 좋아하는 의자에 앉아서 휴식처럼 앉아서 공부하는 것도 권장한다. 몸에 긴장이 풀려야 정신의 긴장도 풀릴 수 있기 때문이다.

아이들의 책상을 대부분 벽에 붙여 놓는 경우가 많은데 이 경우 폐쇄된 공간이 형성되면서 집중하기 좋은 공간이 된다. 세밀한 내용을 학습하거나 집중해서 끝내야 할 것이 있을 때 사용하면 좋은 공간이다. 그러나 외형적인 성향의 아이들이 장시간 사용하기에는 적합하지 않을 수 있다. 또한 무엇인가 창의적인 사고를 요하는 공부를 할 때에는 이러한 책상 배치가 적합하지 않다. 오히려 책상이 오픈된 공간에 있는 것이 창의적 사고에 적합하다.

혹은 상황에 따라 책상의 위치를 바꿔 주는 것도 나쁘지 않다. 방학 때나 학습 목표를 바꾸었을 때 등 자신의 목표나 습관을 바꿀 때는 환경도 같이 바꿔주는 것도 도움이 된다(특히 감성적인 학생들은 때에 따라 다른 환경처럼 보이게 책상의 위치를 바꿔 주는 것이 좋음).

책상 위치가 아이가 앉았을 때 방문을 등지고 있다면 이것도 아이의 심리상 좋은 위치는 아니다. 오히려 문을 바라볼 수 있는 구조가 심리적인 안정에 더 좋을 수 있다. 그리고 공간적인 여유가 된다면 책상 외에 별도의 탁자를 놓아두고 공부 과목이나 과제의 성격에 따라 다른 공간에서 할 수 있도록 하는 것도 효율적이다.

마지막으로 화이트보드를 방에 걸어 놓고 활용하는 것도 추천한다. 화이트보드는 수학에 대해 토의하거나 누군가와 함께 문제를 풀어보면서 설명할 때 사용할 수 있는 좋은 도구이다.

흥미

어떤 상황에서 수학에 재미를 느끼는가? 물론 대부분의 아이들은 모르는 문제를 풀었던 순간이라고 대답한다. 그런 경험을 하기 위해 또는 그런 상황이 아니더라도 수학에 흥미를 갖기 위해서는 어떻게 해야 할까?

우선적으로 갖추어야 하는 것은 아이들이 재미있게 공부할 수 있는 분위기 조성이다. 앞에서 틀리는 것에 대한 허용적인 분위기나 성적에만 관심을 두지 않는 등의 사항에 대해 이미 언급한 바 있다.

여기서 말하고 싶은 두 가지는 '수학 관련 도서 읽기'와, '질문할 기회 만들어 주기'이다.

먼저 수학에 관련된 책 읽는 것을 추천한다. 초등 저학년인 경우 연산이나 도형에 대해 알려주는 수학 동화나 수학 관련 도서 등을 읽으면 수학의 필요성을 알 수 있을 뿐 아니라 수학에 관심을 갖는데 도움이 될 수 있다. 좀 더 고학년이면 구체적인 수학 내용이나 수학사 내용을 여러 가지 상황과 연결 지어 제시한 책들도 권장한다.

어떤 학생은 수학은 문제만 푸는 것이라고 생각한다. 수학은 문제뿐만 아니라 우리 주위를 둘러싼 모든 활동 및 환경과 관련되어 있다. 우리가 사는 세상을 도형으로 표현하고 우리 주변에 일어나는 현상을 식으로 표현할 수도 있다. 따라서 수학 관련 도서를 읽으면서 이야기의 내용을 논리적으로 분석하고 해결될 내용들을 예측해보기도 하고, 또한 자신이 알고 있는 수학 지식과 비교하거나 활용해보는 활동을 통해서 수학을 구체적인 상황과 연관 지을 수 있다. 이러한 지적 활동 과정이 수학에 대하여 흥미를 느낄 수 있는 계기가 될 수 있는 것이다.

두 번째는 좋아하는 사람한테 질문할 기회를 만들어 주는 것이다. 아이가 재미있게 읽은 책이나 학습한 수학 내용에 대해 표현하고 질문할 기회를 갖는 것은 중요하다. 공부하거나 읽은 내용 중에 이해가 안 가는 부분에 대해 질문하는 것도 좋고 자신의 생각을 덧붙이거나 감정을 이야기해도 좋다. 무엇인가 아이가 생각하는 바를 표출할 기회를 주는 것이 좋다. 다른 사람에게 자신의 생각을 표출할 기회를 갖는다는 것은 대단히 중요한데, 이는 대화 상대가 꼭 해답을 주어서가 아니다. 이는 본인의 생각을 스스로 정리해 나갈 기회가 되기도 하고, 또한 자신의 생각을 확고히 하는 계기가 되기도 한다. 혹은 미처 생각지도 못한 자신의 생각을 발견하거나 발전시키는 기회가 되기도 한다.

그러나 그러한 대화를 나눌 수 있는 상대가 누구인지가 중요하다. 대화 상대의 지적 수준은 아이와 유사하거나 조금 위의 수준이기만 하면 되지만 문제는 아이가 느끼는 감정이 좋은 상대여야 한다. 따라서 관계가 좋은 부모, 형제여도 좋고, 삼촌, 이모, 사촌일 수도, 친구나 주위에서 아이가 따르고 신뢰하는 사람이면 좋다.

수학을 소재로 대화를 나누면서 자신의 생각을 발견하고 주위 사람으로부터 인정 받는 과정에서 수학에 대한 흥미를 더욱 끌어올릴 수 있다.

자기조절학습

자기조절학습은 다른 모든 교과보다 수학교과에서 가장 연관성이 높으며, 수학 성취도가 높을수록 자기조절학습을 더 잘 하고 있는 것으로 나타났다.

자기조절학습은 자기주도학습과 유사한 것으로서 자기주도학습이 인지적인 측면에 보다 초점이 있다면 자기조절학습은 학습태도, 학습관리를 위한 시간이나 감정 등의 자기조절 측면의 요소가 더 많이 들어가 있다는 특징이 있다. 따라서 학습에 대한 자기성찰과 수학에 대한 자신감을 향상시켜줄 수 있어야 자기조절학습을 더 잘 할 수 있는 것이다.

많은 연구에서 자기조절학습은 학습태도, 자신감, 학업성취도에 많은 영향을 미친다고 보고한다. 그렇다면 자기조절학습은 어떻게 하는 것일까? 이는 소위 말하는 자율학습을 말하는 것이 아니며, 자기조절학습이라 해서 꼭 혼자서, 혼자 힘으로만 하는 것이 아니다.

일반적으로 자기조절학습이란, 학생 스스로 목표를 설정하고 목표를 달성하기 위한 계획을 스스로 수립하고, 공부할 내용이나 교육 프로그램도 자신의 필요에 의해 선정하고, 공부를 해 나가는 중에 자기가 필요한 것들을 스스로 조절하고 통제해 나가고, 스스로 평가도 해보는 것이다. 이 과정 중에 필요하다면 다른 사람과 함께, 혹은 다른 사람의 도움을 받을 수 있다. 물론 이 도움의 결정 역시 본인이 한다.

이를 쉽게 표현하면, 수동적으로 학습하지 않으며, 수업에만 의존하지 않고, 혼자서 공부하는 시간을 늘리고, 내 공부 관리를 내가 해 나가는 것이다.

그렇다면 인강(인터넷 강의)을 들으면서도 자기조절학습이 가능한가?

스스로 인강에 대한 필요성을 느끼고 어떤 인강을 들을지 결정하는 것 자체가 본인 의지를 반영한다면 자기조절학습이라 할 수 있다. 그리고 더 나아가 인강을 듣는 자세가 영화 보듯 하는 것이 아니라 보다 능동적으로 듣는 것이다. 가령, 인강에서 제공하는 설명에만 의존하지 않고 설명을 들으면서도 자신이 풀 수 있는 것은 먼저 풀어나가고(선생님보다 먼저 푼다고 생각하면서), 내용 중에서 모르겠거나 틀린 것은 부분적으로 듣고 정리하는 식의 보다 적극적인 자세로 듣는다면 충분히 자기조절학습을 해 나가고 있는 것이다.

보통 자기조절학습을 위한 보조 도구로 많이 쓰이는 것이 '학습 플래너', '수학 일지', '수준별 문제' 등이 있다.

'학습 플래너'는 시간 관리를 돕고, 학습 내용을 기록하고 스스로 피드백을 하면서 자기평가를 잘 하기 위한 도구로 많이 활용된다. '수학 일지'는 수학을 공부하면서 느낀 감정이나 학습 관리 정보를 기록하기도 하고 모르는 문제를 따로 정리하여 관리하기 위한 노트로 많이 활용된다. '수준별 문제'는 온라인이나 오프라인에서 아이가 일반적인 수준의 문제를 다루기보다는 자신의 수준에 맞는 문제를 접하면서 스스로를 진단하고 단계를 높여가는 전략으로 활용될 수 있다.

중학생을 둔 부모의 상담 내용 중에는 '중학생이면 지나친 관여를 하지 않는 것이 당연하지만 부모의 관여가 있으면 성적이 오르고 그렇지 않으면 떨어지는 등 성적이 들쑥날쑥해서 걱정'이라는 하소연을 하는 경우가 많다. 이런 경우 부모는 아이의 학습 습관을 점검해야 할 필요가 있다. 근시적인 관심과 해결책을 찾기보다는 혼자서 할 수 있을 정도의 공부습관을 가질 수 있도록 장기적인 계획을 세워서 도와주어야 한다.

실제로 어떤 중학생의 경우에는 누군가와 같이해야만 학습이 가능하고 혼자서 학습 계획을 짜고 실행하는 것을 유난히 힘들어 하기도 했다. 얼마큼 공부해야할지, 언제 해야 할지, 무엇을 해야 할지 등을 모두 누군가가 결정해 준 대로만 하려는 것이다. 스스로 할 수 있는 힘을 초등학생 때부터 키워주지 않으면 아이는 계속 누군가와 함께 하기를 기대하며, 누군가와 함께 했을 때만 심리적으로 안정감을 느끼게 된다. 그러나 이것의 진짜 문제점은 누군가에게 의존하는 것에 있는 것이 아니라, 이 아이가 자칫하면 타인의 시선에 맞추어 학습을 한다는 것, 즉 누군가에게 보이기 위한 학습을 하게 될 가능성이 함께 커진다는 것이다.

관찰내용

초등학교 4학년인 아이는 자기 스스로 학습하려 하지도 않고 시간에 따라 규칙적으로 무엇인가 해 본 경험이 없다. 수학 공부 역시 엄마가 문뜩 생각나서 '문제집 다 풀었니? 빨리 풀어'라고 다그치면 그때야 책을 꺼내든다.

코멘트

아이와 의논해서 수학 학습 시간과 요일을 정하고, 자발적으로 규칙적인 학습을 해 볼 수 있도록 도움을 주십시오. 이때, 규칙적인 학습이라는 것은 아이들의 기질이나 특성을 고려해서 아이에 따라 다르게 정할 필요가 있다는 것이 전제 조건입니다.

아이가 집중해서 할 수 있는 시간을 설정하고(예를 들어, 4학년이면 하루 4~50분 정도), 매일 하기보다는 주 2-3회 정도 요일을 정해 놓고 학습할 수 있도록 합니다. 이때 시간대와 요일 등을 아이가 스스로 계획을 짜보게 합니다. 즉, 부모가 통제적으로 공부시간을 정하기보다, 아이가 수학 학습 시간을 계획하고 스스로 할 수 있도록 격려할 필요가 있습니다. 스스로 몇 분을 하던지 혼자서 하는 시간에 대해 충분히 칭찬하고 격려해주는 것이 필요합니다.

그리고 저학년인 경우나 공부에 집중하기 어려워하는 아이일수록 공부시간을 한 번에 길게 잡기보다는 짧게 두 번에 나누어서 하는 것도 좋습니다. 늦은 밤에 공부하지 않도록 하되, '수학공부, 다른 활동, 수학공부' 와 같이 다른 활동도 적절히 섞어서 하거나 시간을 나누어서 하는 것도 효율적입니다.

습관적 학습(habit learning) vs 지적 학습(intelligent learning)

습관적 학습이란 자신이 학습한 것에 대해 자기성찰(반성적 사고) 없이 기계적으로 학습하는 것을 말한다. 습관적 학습의 대표적인 예가 단순 암기에 의한 학습이다.

수학에서는 습관적 학습과 지적 학습 두 가지 학습 모두 필요하고, 두 가지 모두 사용된다. 그러나 정도의 문제이다. 수학에서 효율적인 학습이 되기 위해서는 10% 정도는 습관적 학습으로 하지만 그 나머지는 지적 학습으로 구성되어야 할 것이다.

지적 학습이란 기계적으로 학습하는 것이 아니라 적응력 있는 학습을 할 수 있는 것을 말한다. 따라서 지적 학습이 이루어지면 다양한 문제 상황에 적용할 수 있게 된다.

어떤 아이는 어떤 내용을 공부하면 그 내용은 아는데 반해 다른 상황에서는 그 지식을 적용하지 못하거나 힘들어하는 경우가 있다. 왜 그럴까? 그것은 그 아이가 지적 학습을 한 것이 아니라 습관적 학습을 한 것이기 때문이다.

적응력 있는 학습이 되기 위해서는 머릿속에 두 체계가 필요하다. 첫 번째 체계는 어떤 지식을 받아들여 절차적으로 수행할 수 있는 체계이며, 두 번째 체계는 그 지식이 잘 작동될 수 있는 상태가 되도록 첫 번째 체계의 상태를 계속 바꾸어 주는 것이다.

이러한 적응력 있는 지적 학습이 되기 위해서는 머릿속에 센서(sensor)를 켜야 한다. 현재 상태에 대한 정보를 인식하고, 그것을 내적으로 표현하기 위한 센서를 작동하며, 현재 상태와 목표 상태를 비교해 나가는 센서를 작동하는 것이다. 어떤 지식을 머릿속에 집어넣고 단순히 문제를 푸는 것에 그치는 것이 아니라 그것을 검증해 나가는 감지 센서가 동시에 작동하는 것이다.

예를 들어, 이차방정식의 근의 공식($x=\frac{-b\pm\sqrt{b^2-4ac}}{2a}$)을 학습한다고 하자. 첫 번째 체계로만 학습하는 학습자는 주어진 a, b, c에 수를 대입하여 x를 구하는 것 정도는 할 수 있다. 그러나 두 번째 체계까지 잘 작동될 수 있도록 센서를 작동시키는 학생은 이 공식을 사고의 대상으로 바라보는 것을 시도할 것이다. 내가 대입하고 있는 이 공식은 무엇인지, 그 의미에 맞게 잘하고 있는지를 생각할 것이다. 그리고 더 나아가 가령 ±가 주어진 것은 무엇을 의미하는 것인지, 근호($\sqrt{\ }$)안이 0이 되는 경우는 언제이며 그것은 어떤 상태인 것인지에 대해 이해하려 하면서 근의 공식의 종합적인 의미를 다시 조정해 나갈 것이다. 이러한 센서가 작동한다는 의미는 근의 공식을 적용하는 보다 폭넓은 상황에서도 어려움 없이 해 나갈 수 있는 지적 학습이 이루어진 것이라 볼 수 있다.

물론 이러한 지적 학습 과정을 학생 혼자서 해 나가라고 하는 것은 무리이다. 위의 이차방정식의 근의 공식을 지적 학습으로 학습하기 위해서는, 이차방정식을 그래프와 표를 이용하여 해결하거나 어떤 일반적인 수로 표기된 이차식을 완전제곱식의 꼴로 함께 변형해 보면서 대조해 본다거나 하는 활동이 수반되어야 한다. 즉, 어떠한 이차방정식일지라도 해를 구할 수 있도록 일반화하여 표현한 것이 바로 근의 공식이라는 것을 깨달을 수 있도록 교수 · 학습 과정이 적용된다면 지적 학습으로 학습하는데 도움이 될 것이다.

양보다 질

만일 초등학교 때, '매일 두 쪽씩 풀어라'라는 식의 할당량 채우는 식의 공부를 했다면, 중학교부터는 양만을 정해 놓고 하는 공부는 피해야 한다.

어느 정도의 양을 어떻게 공부하는 것이 가장 좋을까? 물론 스스로 하고자 하는 의욕을 가지고 집중하면서 할 수 있는 분량만큼 공부하는 것이 가장 효율적일 것이다. 그러나 많은 아이들이 스스로 하고자 하는 의지를 가지고 하지 못하는 것이 현실이다. 부모 입장에서는 그러한 아이에게 습관을 잡아 주기 위한 도움을 어떻게 주는 것이 좋을까?

그럴 때는 아이가 가장 좋아하는 일을 할 때의 반 정도의 시간만큼 공부하는 데 시간을 쓸 수 있도록 아이와 협의해 보는 방법도 있다. 아이가 좋아하는 일을 2시간 동안 했으면 그 절반인 1시간은 공부하는 데 투자하도록 하는 것이다. 단, 이때 아이가 자신의 마음가짐을 정해야 할 필요가 있는데, 좋아하는 일을 한 시간보다 절반만큼만 공부하는 대신에 풀고자 하는 분량의 문제는 반드시 정확하게 풀겠다거나 그 분량의 주어져 있는 모든 문제는 다 풀어 보겠다는 마음을 갖는 것이다. 이는 반드시 다 맞거나 다 풀어야 하는 것을 의미하는 것이 아니라, 짧은 시간 공부하더라도 몰입을 높이기 위한 시도로서의 마음가짐인 것이다.

수학이 어렵다고 무조건 문제를 많이 풀게 하거나 수학 학습 시간만 늘리는 것은 오히려 아이를 더 힘들게 하고, 수학에 대한 부정적인 생각을 갖게 만들 수 있다.

관찰내용

아이가 아무런 긴장 없이 문제를 풀어 연습이 제대로 되지 않고 실수가 반복되며 공부 시간만 늘어진다. 이를 개선할 수 있는 방법이 없을까?

코멘트

위 사례에서 부모님이 언급한 긴장 없이 푼다는 의미는 아마도 아이가 문제 푸는 속도가 기대만큼 빠르지 않거나 틀리는 문제의 수가 많은 것을 걱정하는 것으로 보입니다.

아이가 사고를 요하는 문제를 푸느라 시간이 많이 걸리고 생소한 문제라서 틀리는 것이라면 조바심 내실 필요 없으나 정형화된 문제를 연습하는 단계라면 일단, 아이가 부담스러워할 정도의 과도한 분량이 되지 않도록 하는 게 필요합니다. 즉, 연습할 양을 정하는 것도 아이가 자발적으로 정할 수 있도록 합니다.

그러나 아이가 긴장감을 가지고 짧은 시간 내에 연습을 마치게 할 필요는 있습니다. 이럴 때 사용할 수 있는 방법 중 하나는, 아이가 정한 분량 내에서는 틀린 개수를 세어서 일정 개수 이상 틀리지 않도록 지도하는 것입니다. 이는 많은 문제를 풀기보다는 정확하게 풀 수 있어야 함을 인지하도록 하는 것으로써 아이의 문제 푸는 속도와 정확도를 개선하는데 도움이 됩니다.

또한 아이가 푸는 문제가 인지적으로 도전할 가치가 있는 문제, 즉 문제의 수준이 아이에게 적절한지 검토해 볼 필요가 있습니다.

수학 노트 쓰기

수학 노트를 꼭 써야 하는지 어떻게 써야 하는가에 대한 정답은 없다. 따라서 일괄적으로 아이들한테 수학노트 쓰기를 강요할 필요는 없다.

만일 아이가 몹시 덜렁거리는 성격으로 실수가 잦고 문제를 신경 쓰면서 정성 들여 푸는 것이 아니라 대충대충 풀어 버려서 주어진 조건 등을 놓친다거나 혹은 깊게 생각하지 않고 넘겨버리는 경향이 있어 개선이 필요하다거나, 혹은 자신이 풀어 놓은 풀이 과정도 본인이 알아보지 못할 정도로 체계적이지 않아서 어떤 것이 풀이과정에서 나온 내용들인지 어떤 것이 최종 결과인지도 구분이 안 되고 그것으로 인하여 곤란함을 겪는 경우라면 수학 노트를 써 보게 하는 것이 도움이 된다.

반면에 쓰는 것에 너무 집착한다거나 자신의 해결 과정에 집중하기보다는 해답과 똑같이 풀어야 한다는 강박관념이 강한 아이들은 수학 노트 쓰기에서 벗어나서 보다 과감해질 필요가 있다. 수학에서 풀이과정을 차분히 써 내려가는 것보다 더 중요한 것은 문제를 풀어나감에 있어서 문제 해결을 위한 핵심 아이디어를 떠올리는 통찰력을 기르는 것이다. 풀이 과정을 잘 써 내려가는 것은 부수적인 기능인데 이로 인해서 더 중요한 것을 놓쳐서는 곤란하다.

그렇다면 수학 노트는 어떻게 써야 할까? 그것 역시 필요에 의한 적절한 도구로써 쓰면 된다.

수학 학습에 대한 감정적인 부분을 개선하거나 부각시키기를 원한다면 수학 공를 하는 동안에 느꼈던 자신의 감정을 표현하고 성취감을 느낀 순간을 기록하도록 하는 것이 좋을 것이다.

혹은 내용적인 측면에서 모르는 문제나 내용을 따로 정리하는 기능으로 활용할 필요가 있는 아이도 있을 것이다. 이런 경우의 수학 노트 쓰기는 보통 오답 노트 기능으로 많이 활용하는데, 이는 누군가에게 질문 또는 피드백을 받거나 나중에 다시 공부할 때 유용하다.

그러나 한 가지 조심해야 할 점은 수학 내용 지식이 아직 충분치 못해서 정답 보다 오답이 더 많아질 수밖에 없는 학생들에게는 무조건 오답만 기록하도록 하기보다는 '스스로 알게 된 내용'이나 '오늘 공부해서 알게 된 내용'을 적어보도록 하는 것이 수학 학습에 도움이 된다.

그 외에도 학습 습관이나 학습 관리를 보다 체계적으로 하기 위한 도구로 활용된다. 이때에는 자신의 학습시간을 점검하기 위한 '시간 관리'나 휴대폰을 치우고 공부하고 있는지, 수업시간 집중을 잘하기 위해 노력하고 있는 지 등의 '자기 관리' 기능이 들어간 수학 노트를 쓰도록 한다.

수학 노트라 해서 반드시 노트일 필요도 없다. 때에 따라서 쓰는 것에 거부감이 있거나 습관이 갖춰지지 않아서 이러한 노트 쓰는 것 자체를 스트레스로 여기는 아이들도 있다. 이러한 경우에는 노트에다 따로 정리하게 하기보다는 접착용 메모지를 활용하여 그때그때 정리하며 자신이 공부하고 있는 책에 붙이게 해도 된다.

수학 노트의 기능

수학 노트는 성적 향상을 직접적인 목적으로 두고 있는 것이 아니라 수학 공부하는 방법, 즉 학습 전략을 구체화하고 이를 습관화하는데 목적을 둔다.

수학 노트 쓰기의 기능은 초인지 전략 측면에서는 계획(planning), 점검(monitoring), 조절(regulation) 등이 있다. 내용적인 측면에서는 수학 내용에 대한 기억(memory), 정교화(elaboration), 조직화(organization) 등의 기능으로 구분된다.

계획이란 학습자가 자신의 학습시간과 공부 방법을 효과적으로 조절하기 위해서 미리 시간이나 일정을 세우는 것을 의미한다.

점검이란 자신의 주의 집중을 최대화하기 위한 확인 작업, 또는 자신이 알고 있는 학업 기술, 학습 전략 등이 얼마나 효율적인지 파악하는 것이다. 또한 스스로 세운 계획에 맞게 시간을 활용하고 있는지, 적절한 학습을 하고 있는지 체크하고, 다시 학습해야 할 내용이 무엇인지를 파악하는 것이다.

조절이란 학습자가 계획과 점검에 비추어 봐서 필요한 도움을 요청하거나 학습을 수행하기 위해 스스로의 행동을 조절하는 것을 의미한다. 세운 계획 중에서 성공이나 실패 요인을 찾고, 내가 도움 받아야 하는 내용이 무엇인지, 나의 학습 태도를 어떻게 바꾸는 것이 효율적인지, 공부하는 데 있어서 방해요소를 어떻게 차단함으로써 주의 집중을 높일 것인지에 대한 전략을 조절한다.

기억이란 수학 내용 측면에서는 단기적으로나 장기적으로 기억해야 할 내용을 보다 효율적으로 관리하는 기능을 의미한다. 또한 주요 내용이나 모르는 내용을 따로 표시하거나 기록해 놓는 등의 방법을 쓴다.

정교화란 기본적인 내용이나 정보에서 세부적인 내용을 추가하거나 부족한 정보를 채워 나가며, 자신이 몰랐던 부분의 수학 내용이나 풀이과정을 덧붙여 나가면서 핵심 아이디어를 정리하고 보조적 전략들을 파악해 나가는 것이다.

조직화란 유사한 내용끼리 분류하기도 하며, 단편적으로 알고 있는 내용을 서로 연관시켜 나가고, 기존에 알고 있는 내용과는 서로 어떻게 연관되는지를 파악하면서 수학적 지식의 위계를 세워나가는 것이다.

관찰내용

손으로 만들거나 그리는 것을 좋아하고 특히 캐릭터 그리는 것을 좋아한다. 다른 과목에 비해 수학에는 전혀 관심이 없고, 수학 공부하는 습관이 갖춰지지 않았다.

코멘트

요즘은 융합의 시기이며 융합적 사고를 할 융합인재를 양성하는 것을 중시 여기고 있습니다. 따라서 수학 학습도 학습자의 다른 소질과 관심 분야를 연계해서 지도해야 합니다. 위 사례자는 손재주가 좋고 캐릭터 그리는 것을 잘 하므로 이를 활용한 학습법을 권장합니다.

가령, 아이의 재능을 살려 아이만의 고유한 수학노트 정리를 시도해 보는 게 좋을 것 같습니다. 수학 개념 등을 캐릭터를 활용해 정리하거나(수학 만화/웹툰 그리기), '마인드 맵'으로 그려서 SNS와 같은 공간에 올려 보는 것입니다. 손재주가 있는 학생이므로 예쁘게 정리된 내용을 보면 본인의 재능과 연결된 성취 경험을 느낄 수도 있을 것입니다.

공부하는 습관이 갖춰지지 않은 것은 하루아침에 고쳐지기는 어렵지만 개선에 나가도록 해야겠습니다. 당장은 성적이 오르는 것에 연연해하지 말고 학습한 내용을 관리하는 습관부터 키워나갈 필요가 있습니다. 수학 노트에 자신이 한 일이나 공부한 시간을 도표나 막대그래프, 파이차트 등 시각적인 분석을 이용해서 점검해 나갈 수 있도록 하는 것도 좋습니다.

학습의 주도권

만일 아이가 최대공약수를 이용해서 해결해야하는 활용문제를 질문했는데, 아이는 멍하니 딴청하고 있고 엄마 혼자 열심히 문제를 풀

어보고 난 후 '이제 이해가?'라는 말을 통해 아이의 이해를 확인하려 했다고 하자. 이 문제의 핵심은 최대공약수를 활용할 수 있는가 하는 것이므로 아이가 이 부분에서 아이디어를 착안해 낼 수 있어야 한다. 그러나 이를 가르치는 엄마는 아이가 모르는 이유에 대해 파악하지 않고 결정적 단서를 그대로 제공하였다.

이런 장면은 공부를 가르쳐주는 사람과 배우는 아이 사이에 흔히 일어난다. 엄마가 문제를 읽으면서 주요한 아이디어(문제해결에서 필요한 핵심)와 푸는 방법까지 모두 설명하고 아이가 착각한 부분까지 모두 찾아내기도 한다. 모든 것은 엄마에게 주도권이 있으며 아이가 하는 일이라곤 아무 말 없이 듣는 일이다. 관찰하는 입장에서 보면 엄마는 열심히 공부하고 있는데 아이는 단지 그것을 참관하는 격이며 게다가 어떤 아이는 지루해하기까지 한다.

위 사례에서도 가르치는 사람은 아이가 이해가 안 가는 부분이 무엇인지를 먼저 묻거나 살폈어야 한다. 그 후 아이가 모르는 부분을 재 발문하면서 스스로 파악하게 하고, 필요에 따라서는 결정적 힌트 대신에 단계적으로 단서만을 제공해 나가는 방식으로 진행해야하는 것이다.

가르치는 사람이 엄마이든 선생님이든 간에 원칙은 동일하다. 학습의 주도권을 가르치는 사람에서 아이에게로 이동시켜야 한다. 무엇을, 어떻게 할지를 아이가 판단하고 진행하며 가르치는 사람은 이를 안내할 뿐이다.

만일 모르는 문제를 꼭 풀어주어야 하는 상황이라면 아이가 직접 풀면서 풀이를 정리하도록 하는 것이 더 좋은 방법이다. 이때, 가르치는 사람은 아이가 스스로 틀린 것을 찾고 해결해 나가는데 있어서 필요한 부분에서만 적절한 지원을 해주면 된다. 자신이 어떤 부분을 착각해서 혹은 몰라서 틀린 것인지 정확히 인지할 수 있도록 돕거나 혹은 모르는 부분을 해결하는데 있어서 최소한의 힌트만 단계적으로 주는 것이다. 그것은 때로는 '그렇지, 그렇구나, 잘하네, 아, 그걸 착각 했던 거였어?, 아, 이것만 바꾸면 되네!' 등의 리액션(reaction)과 같은 느낌으로 간접적인 가르침만 주면서 아이가 신나게 풀 수 있도록 하는 것이다.

비단 이것은 가르치는 장면에서만 학습의 주도권이 아이한테 있어야 하는 것이 아니다. 학습목표와 학습량도 다른 사람이 정한 것을 일방적으로 아이가 따르게 하는 것이 아니라 아이가 직접 정하거나 부모와 아이가 함께 의논하여 조정하고 수행해 나갈 수 있도록 해야 한다.

수학 학습, 어느 정도 하고 있을까?

우리나라 초 · 중 · 고 학생들을 대상으로 혼자서 수학공부를 하는 시간을 조사한 바 있다. 조사에 따르면, 중학교 학생이 혼자서 전혀 수학공부를 '하지 않음'과 '1시간 이내'가 28.6%와 28%로 높았고 그 다음으로 '1시간초과~2시간'이 20.7%로 높았다.

고등학교 학생은 '2시간초과~4시간'이 19.5%로 가장 높았고 그 다음으로 '6시간 초과'와 '1시간초과~2시간'이 각각 18.4%와 17.5%로 높았다.

우수한 집단에서는 초등 3.38 시간, 중등 2.89 시간, 고등 4.30 시간이 나왔다. 중학교 학생들은 수학 내용이 어려워짐에 따라 인강이나 학원 강의에 의존하는 시간은 더 많은데 반해, 혼자 공부하는 시간이 초등학생보다 적게 나온다. 중학생이라면 최소한 초등학생보다는 혼자서 수학 공부를 하는 시간이 많아져야 하는 것이 당연한데도 불구하고 그렇지 못한 것이 현실이다.

후행학습

수학은 때를 놓치면 못하나?

아이들한테 늦었다는 때는 없다. 언제든 변화 가능한 게 아이들이고, 아이들은 지속적으로 성장하기 때문이다.

"늦었다"라는 의미가 무엇인가? 시간 내에 모든 수학적 개념을 체계적으로 익히기는 불가능하다는 의미인가? 완벽하지는 않다 하더라도 수학 학습을 해내는 것은 언제든 가능한 일이다. 물론 이러한 아이들은 지속적으로 성실히 수학 학습을 해 온 아이들보다 수학을 공부하는 방법이나 생각하는 힘이 길러지지 않았다는 것이 어려운 점일 수 있다. 따라서 보다 개인에게 적합한 치밀한 공부법이 필요할 뿐이다.

많은 아이들이 학업을 수행하는 어느 일정 기간에 수학이 어려워져서 손을 놓게 된 후 다시는 수학을 공부하지 않게 되었다는 말을 한다. 그런데 다시 시작하지 못하는 이유는 수학이 연계성이 강한 과목이라고 생각해서 미리 겁을 먹고 다시 시작할 엄두가 안 난다고 한다.

필자의 지도 경험에 따르면 아무리 초등학교 때 사칙 연산조차 못했고 기본적인 수학을 이해 못했어도 중 · 고등학생이 된 후 초등학교때 배운 연산을 가르치면 모두가 금방 이해한다. 본인들 스스로도 신기해 할 정도로 이해 능력이 성장한 것이다. 그런데도 어렸을 때 수학을 잘 못하고 힘들었던 기억으로 인한 심리적 어려움으로 인해서 여전히 수학을 본인이 해 나갈 수 있을지 불안해하고 확신을 갖지 못한다.

초등학교 때 규칙성 구하는 문제를 못했다고 해서 중학교 함수를 못하는 것이 아니며, 1차 함수를 못했다고 2차 함수도 못하는 것이 아니다. 단지 필요한 선수 지식을 그때그때 찾아서 갖추면 된다. 마찬가지로 중학교 때 수학을 못했다고 해서 고등학교 수학을 못 따라갈 이유가 없다. 예를 들어, 중 · 고 · 등학교 때 가장 비중 있게 다루는 함수를 보면, 중학교 함수를 어려워하고 이해 못했다고 고등학교에 와서도 함수를 못할 것이라 생각하는 아이들이 많다. 그런데 심리적인 지원 측면이 아니라 실제적으로 수학 내용상으로만 봐도 다시 학습하는 것은 충분히 가능한 일이다. 왜냐하면, 중학교에서는 변화량으로서 함수를 다루는 것이고 고등학교에서는 집합의 대응을 토대로 다루는 내용이다. 즉, 접근 방식과 함수 정의 방식이 다르기 때문에 선수 지식과 무관하게 언제든 하겠다는 의지만 있으면 극복 가능한 일이다.

어디서부터 시작해야 할까?

바로 지금 학교에서 나가는 진도에 맞추어 시작한다. 선수학습이 안 되어 있어서 이해하기 어려운 내용이 나온다면 이전 학년에서 배웠던 내용 중에 필요한 내용만 선택해서 공부하면 된다.

후행학습을 효율적으로 하는 방법은 지금 배우는 내용에 필요한 선수 학습 내용만 골라서 다시 공부하는 것이다. 예를 들어, 초등 2~3학년 이후 수학 공부를 하지 않던 어떤 아이가 초등 6학년에서 다시 공부를 하고자 한다고 해보자. 학교 진도를 따라갈 수 있을 것인가? 따라가기 위해서 어떤 공부를 해야 하는가?

이 학생의 학교에서 나가는 진도는 '소수와 분수 크기 비교나 연산' 내용이라고 해보자. 이 부분을 공부할 때 연계성을 따져보면, 소수와 분수 계산 과정에서 약분과 통분을 알아야 하고 여기에는 다시 배수와 약수 개념이 들어간다(5학년 과정). 따라서 이러한 연계성을 생각해서 영역별로 필요한 것들을 찾아서 공부하는 것이 좋다. 5학년 과정 이전에 연관된 내용도 있으나 5학년 과정을 학습하는데 문제가 없다 생각되면, 더 아래 학년까지 굳이 내려갈 필요는 없다. 아이가 현재 진도를 빨리 따라갈 수 있도록 전략적으로 후행학습을 하는 것이다.

이번에는 고등학교 2학년 문과 학생이 중학교 2학년 이후 공부하지 않다가 다시 시작했다고 해보자. 어떻게 할 것인가? 무려 4년을 공부하지 않고 보냈으니 늦었다고 할 것인가? 역시 늦지 않았다. 지금 학교에서 배우고 있는 단원을 공부하면 된다. 필요한 이전 학년 개념은 그때그때 필요할 때마다 찾아서 보면 된다. 지금 미적분 I을 학교에서 배우고 있다고 한다면 그 부분부터 공부를 시작하는 것이다.

그러면 후행학습 내용은 무엇을 해야 할까? 이전 학년에서 배운 '등비수열과 등차수열' 내용이 필요하므로 이 부분만 찾아서 개념과 표현법 그리고 간단한 계산을 익히면 된다. 미적분 I에서 나오는 '극한', '수렴과 발산' 같은 개념은 현재 학년에서 처음 다루는 것이다. 물론 중학교 3학년 때 배운 '인수분해'가 필요할 때가 있는데, 인수분해 방법 모두를 다 알아야만 가능한 것이 아니라 전개하는 방법 한 가지로 필요한 것은 모두 해결할 수 있다. 기타 내용 중에서는, '1차 함수', '2차 함수' 그리는 방법도 알아야 하지만 이 역시 절편과 기울기만 알면 구할 수 있는 것으로서 중학교에서 배운 개념과 기본 문제만 다시 공부하면 된다. 중학교에서는 한 달에 걸쳐서 배운 내용이기는 하지만 지금의 고등학생은 기본 내용을 익히면 되므로 훨씬 짧은 시간이 필요할 뿐이다. 내용의 핵심적인 것만 학습하는데다가 중학생보다는 인지 능력이 성장해 있기 때문에 학습하는데 걸리는 시간도 상대적으로 짧다.

조금 더 심도 있는 후행학습이 필요하다면 방학 때를 활용하는 것이 좋다. 그러나 이때 역시 굳이 난이도 높은 문제를 다룰 필요는 없다. 앞에서 6학년이라고 가정한 학생인 경우 보통 기본적인 수 개념이나 사칙연산이 가능한 아이라면, 한 학년이나 두 학년 아래의 학습 내용만 다시 공부한다. 이때에도 역시 교과서나 문제집(여러 권 풀지 말고 1권 정도만) 등을 이용해서 내용에 대한 기본 개념과 예시 문제만 공부하고 넘어가는 정도로만 한다.

후행학습 내용을 학습할 때에는 한 주제 내용의 개념을 하루에 모두 공부할 수 있도록 하고, 해당되는 익힘 문제는 다음날 풀어볼 수 있도록 하는 것이 좋다. 왜냐하면, 제 학년에서 배울 때에는 개념을 잘게 분절해서 나누어 가르치고 이에 대한 세부적인 연습문제를 풀도록 하나 후행학습은 연계된 개념을 통째로 아는 것이 효율적이기 때문이다. 또한 예시 문제 풀이도 간단한 예시 문제 정도만 공부해도 부족하지 않으나 만일 조금 더 연습이 필요하다 생각하면 문제집의 '기본 익히기' 정도의 문제로 연습을 하는 것이 효율적이며, 그 학년의 난이도 높은 문항을 다루는 것은 전략적으로 좋은 방법이 아니다. 너무 이전 학년 내용을 상세히 공부하는 것은 후행학습을 진행하는 아이들을 지치게 만들거나 현재 나가고 있는 진도 내용에 대한 지적 호기심을 잃게 만드는 수가 있기 때문이다.

위의 고등학생 예를 본다면, 중학교 내용부터 다시 시작하는 것이 아니라 고등학교에 나오는 내용에서부터 시작하는 것이 효율적이라는 것이다. 집합 개념도 중학교에서 다루지 않고 고등학교에서 처음 다루기 때문에 선수학습을 위해 중학교 내용까지 다시 공부해야 하는 것은 아니다. 단지, '지수와 로그' 내용 중 중학교에서 배운 '지수의 성질'은 다시 공부해야 하나 중학교에서는 '번자연수' 범위에서 다뤘다면 지금은 '실수' 범위에서 다루는 것이고 원리나 성질이 변하지 않고 수의 범위만 확장된 것이기 때문에 고등학교 내용을 바로 공부해도 따라가는데 큰 지장은 없다. 단지, 방학 때는 고등학교 수학을 처음부터 기본 개념과 기본 문제를 교과서를 이용하여 차근차근 공부해 본다면 지나간 놓친 학습을 따라가는 데 아무런 지장이 없다.

요점은 모든 학년의 학생이 비록 제때 수학 학습을 따라가지 못했다 하더라도 언제든 다시 시작할 수 있고 전략적으로 학습하면 더 수월히 해 나갈 수 있다는 것이다.

관찰내용

6학년 겨울방학은 어떤 수학공부를 하는 것이 좋을까?

코멘트

아이의 필요와 관심에 따라 다르므로 일반적으로 말하기는 어렵습니다만, 앞에서 언급한 것처럼 선행학습이나 후행학습은 필요에 의해서 적절히 하는 것이 효율적입니다. 단지, 꼭 권하고 싶은 활동은 사고의 확장을 위해 개발된 일종의 퍼즐이나 게임 형태의 문제를 다루어 보는 것입니다.

또한 초등학교 때 배운 개념을 활용해서 내용을 다소 심화시킨 사고력 문제들도 추천합니다. 수열이라는 용어는 모르더라도 수가 어떤 규칙을 가지고 나열되어 있고 다음 수가 무엇인지 추측해 보는 문제, 경우의 수를 찾기 위해 헤아려보거나, 사물들을 어떤 기준을 가지고 분류해 보거나, 도형을 거울로 비춰보았거나 각종 대칭을 찾는 문제 등, 초등학교에서 다룬 내용을 심화시킨 문제들 중에서 사고력 문제를 접해볼 것을 권장합니다. 그 학년에서 다루기는 어려웠지만 6학년 겨울 방학 때에는 학교 진도나 시험과는 무관하게 보다 편안한 마음으로 오랫동안 생각해서 풀어볼 수 있는 기회를 갖는 것입니다.

이러한 활동이 고학년 군으로 올라가면 실제로 많은 도움이 됩니다. 예를 들어, 고등학생들 중에서는 이웃하는 항 사이의 관계식에서 규칙성을 찾아내어 전체의 수열을 나열하고 나열된 수열에서 다시 규칙성을 찾아 관계식을 만드는 과정에 어려움을 겪는 아이들이 많습니다. 결국 아이들의 너무 틀에 박힌 공식에 의존하는 경향이 수열에 관한 문제 해결에 어려움을 겪는 요인으로 작용하게 되는 것입니다. 따라서 수 감각을 키우기 위해서 초등 고학년 때부터 다양한 수의 패턴을 관찰할 수 있도록 하는 것입니다.

ZONE 04

수학적 사고력을 기르다

> 본 장에서는 수학이 갖는 근본적인 특징과 수학을 좋아하거나 잘하기 위하여 아이들이 어떠한 경험을 가져야 하는가에 대하여 생각해본다. 이를 위하여 수학적 통찰이란 무엇인지, 수학 개념 학습은 어떻게 이루어져야 하는지, 메타 인지의 중요성은 무엇인지 등에 대하여 이야기한다.

초 · 중 · 고등학교 수학의 최종 정점은 미적분학이다. 세계적으로 미적분은 고등학교 과정에 들어가거나 빠지거나 강화되거나 약화되는 등 시대의 흐름에 따라 변화를 겪어 왔다. 그만큼 어려운 내용이기도 하지만 중요한 내용이어서 그렇다.

아이들이 미적분을 학습하면서 겪는 어려움은 여러 각도에서 보고되었다. 아이들은 공식만을 이용한 미분과 적분 계산은 쉽게 하지만, 그 개념을 묻는 문제나 응용문제를 해결하는 것은 상당히 어려워한다. 또한 미적분에 사용되는 수학적 용어의 뜻을 정확히 이해하지 못하거나(예, 속도와 속력, 평균변화율과 순간변화율 등), 일상적인 의미가 강한 용어로부터 오개념이 형성(예, 접선, 연속, 곡선 등)되어 어려워한다고도 한다.

이러한 문제를 극복하기 위해서는 수학교과의 본질에 따른 수학 학습 측면에서의 효율적인 방안에 대한 지원이 필요하다.

수학적 통찰

모르는 문제를 오랫동안 골몰히 생각하다 보면 어느 순간 '아하' 하는 것이 번뜩 찾아온다. 수학하는 사람들은 이것을 '펀치라인'이라고 부르기도 한다. 문제를 푸는데 핵심적인 것을 깨우치는 것을 일컫는 말이다. 펀치라인은 혼자서 찾아내는 어떤 아이디어로써 문제를 푸는 기술(테크닉)과는 다른 의미이다. 수학 문제를 푸는데 있어서는 소위 말하는 문제 푸는 '테크닉'들이 필요하지만 이것이 펀치라인은 아니다. 펀치라인이란 원인에서부터 결과로 도달하는 데 있어서의 주요 통로인 것이다.

우리가 어떤 수학문제를 풀었을 때, 어떤 단계를 거쳤는지를 생각해 보자.

첫 번째 단계, 문제에서 주어진 수학적 대상의 정의 및 조건을 정확히 이해한다.

두 번째 단계, 문제에서 풀고자 하는 목표를 분명히 인지한다.

세 번째 단계, 문제에서 주어진 정의 및 조건에서 필요한 것을 적절히 골라(수학적 통찰력) 두 번째 단계의 목표에 맞는 결과를 도출한다.

조금 더 구체적인 예를 살펴보자. '이등변삼각형의 두 밑각의 크기는 서로 같다.' 라는 문제를 풀기 위해서는 우선 문제에서 주어진 수학적 대상의 정의 및 조건인 이등변삼각형이 무엇인지 정확히 알아야 한다. 즉, '이등변삼각형은 두 변의 길이가 서로 같은 삼각형'이며 이를 어떻게 표현할 수 있는지 그림으로 나타내 볼 수 있어야 한다.

그다음 두 번째 단계인 풀어야 하는 목표를 분명히 인지해야 한다. 즉, '두 변의 길이가 서로 같으면 두 밑각의 크기가 서로 같아야 한다.'를 인식해야 한다.

세 번째 단계에서는 이러한 목표에 도달하기 위한 수학적 통찰이 이루어져야 하는데, 첫 번째 단계에서 그린 그림을 관찰하면서 '만약 밑각이 서로 같다면 접었을 때 같아져야겠네?'라는 핵심 아이디어를 떠올릴 수 있다. 접어서 삼각형이 겹치는 것은 두 삼각형이 합동이란 것이므로 두 삼각형이 합동이란 것만 보이면 된다는 것을 안다(통찰). 접어서 겹치게 만들기 위해서는 합동인 두 삼각형을 만드는 중간선(보조선, 각의 이등분선)을 긋는 기술(테크닉)을 사용하는 것이다.

그리고 마지막으로 첫 번째 단계에서 얻은 정보(두 변의 길이는 같다)와, 삼각형의 합동 조건을 활용하여(테크닉) 문제를 해결할 수 있다.

그렇다면 수학적 통찰을 어떻게 강화시킬 수 있을까?

앞에서 제시한 문제를 푸는 과정을 다시 살펴보면, 결국 첫 번째 단계가 잘 되어야 목표에 맞는 결과에 도달한다는 것을 알 수 있다.

즉, 문제에서 필요한 정의와 조건의 이해가 필수인 것이다. 첫 번째, 두 번째 단계 없이 처음부터 수학적 통찰이 생기지는 않는다.

예를 들어, '$\sqrt{2}$가 유리수인가?'라는 문제를 해결해야 한다고 하자. 이 문제를 해결하는데, 유리수를 '-4, -2.5, $\frac{3}{2}$, 2' 등과 같은 수로만 알고 있다고 하면, $\sqrt{2}$가 유리수가 아니라는 것을 보일 수 없다. -4, -2.5, $\frac{3}{2}$, 2는 유리수의 예시일 뿐이지 유리수의 정의가 아니다. 유리수란 '분수 $\frac{a}{b}$($b \neq 0$, a, b는 정수)로 나타낼 수 있는 수'라는 것을 알고 있어야, 문제를 해결할 수 있는 것이다. 따라서 문제를 해결하는 통찰력을 발휘하고자 한다면 먼저 수학적 정의를 정확히 알고 있어야 한다.

미적분에서 역시 공식에 따라 절차적으로 푸는 문제 외에도 필수적인 개념을 잘 알고 그 정의를 적용하는 것은 매우 중요한 부분이다(예를 들어, 미분계수, 미분가능, 평균변화율, 순간변화율의 뜻 등). 그러나 어떤 학생들은 함수식이 제시된 상태에서는 평균변화율과 순간변화율은 잘 구하지만 상황으로 제시된 문제의 경우 힘들어하는 경우가 있다. 이는 순간변화율의 정확한 의미를 이해한다면 보다 쉽게 극복할 수 있다.

관찰내용

중학교 1학년 통계 단원의 문제 중 계급, 도수, 도수의 총합이 무엇인지 알아야 풀 수 있는 문제를 풀고 있다. 이 문제는 도수의 총합에 대한 각 계급의 도수의 비율을 구하는 것인데 아이는 무엇으로 무엇을 나누어야 하는지 헷갈려 하고 있다.

코멘트

위 사례자는 기본적인 용어(이 문제에서는 계급, 도수, 도수의 총합 등)를 몰라 어려움을 겪고 있는 것으로 보입니다. 그리고 기본적인 개념을 모르기 때문에 도수의 총합으로 나눈 비율을 못 구하는 것입니다.

따라서 무조건 문제만 먼저 풀려는 시도를 하기 전에 필요한 용어와 개념을 정리하고 이를 공부할 필요가 있습니다. 특히 통계 영역은 기본적인 용어 학습이 필수적이라 할 수 있으며, 이를 위해서는 기본적인 용어나 개념을 찾아 먼저 수학 노트에 따로 정리를 한 후, 이를 제대로 이해하였는지 확인하기 위해 자신의 말로 정리해 보거나 표현해 보는 것이 필요합니다.

학습 전략이 잘 갖추어지지 않은 학생은 용어나 개념을 교과서에 쓰인 대로 외웠다 하더라도 이것은 피상적으로 외운 것에 지나지 않을 수 있습니다. 따라서 자신의 지식으로 내면화 되었는지 확인할 필요가 있습니다.

추론

수학의 특수성은 추상성과 일반성에 있다. 이것은 일상생활 환경에서 얻어질 수 있는 것이 아니라 이미 알고 있는 수학 지식과 자신의 추론적 사고에 의해 얻어질 수 있는 것이다. 따라서 추론적 사고는 수학적 사고의 근원이며 모든 수학 내용에서 독립적인 행동 영역 차

원으로 강조되고 있다.

이러한 수학적 추론은 아이들이 수학을 좋아하게 만드는 특성이기도 하지만 수학을 어렵게 느끼고 기피하게 만드는 특성이기도 하다. 그러나 아이들이 수학적 추론을 어려워하는 것은 아이들이 받아들일 수 있는 수준으로의 단계적인 접근을 하지 못 했거나 추론하는 법을 제대로 배우지 못했기 때문이다. 즉, 이는 아이들의 잘못이 아니라 불친절한 교재와 이를 가르치는 사람들로 인한 문제였던 것이다.

우리가 그동안 해 왔던 것처럼 추론이 중요하다고 해서 무조건 연습시키거나 성급하게 강조해서는 효율적인 수학 학습이 될 수 없다. 추론은 수학적 정의나 정리와 비슷한 과정으로 추상할 수 있는 적절한 예를 통해서 직관적으로 접근하고 단계적으로 사고할 수 있도록 학습 지원이 이루어져야 한다.

예를 들어, '삼각형의 내심'에서는 내심이란 무엇이며 어떻게 찾을 수 있는지, 그리고 어떤 성질을 갖는지에 대하여 알고 있어야 한다. 이것을 위해서는 문제 풀이보다는 여러 가지 모양의 삼각형에서 내접원을 그리는 활동을 먼저 해 보는 것이 내심을 이해하는 데 도움이 된다. 그리고 난 후 내심의 성질을 표현한 명제를 이해하기 위하여 문장이나 기호로 표현해 보면서 명제의 본질을 이해해야 하는 것이다.

중학교 학생들 중 많은 아이들이 합동, 닮음 등의 기하 내용에 대한 연역적 추론[1]을 어려워한다. 게다가 증명에 익숙하지 않은 학생

---

1) 연역적 추론이란 정의, 공리, 공준, 이미 참이라고 알려진 성질 등을 이용하여 새로운 참인 명제를 이끌어내는 것이며, 귀납적 추론이란 실험, 측정, 관찰, 구체적 조작 등을 통하여 몇 가지 사례에 대해 어떤 명제가 참임을 보인 다음에, 이 사례가 속한 전체 범주의 대상에 대해 그 명제가 참임을 주장하는 것이다.

들로서는 직관적으로 당연한 내용을 엄밀하게 증명해야 하는 필요성조차 못 느끼기도 한다. 이러한 학생들한테 주어진 조건으로부터 원하는 결론까지 이끌어 내는 형식적 증명을 이해시키기 위해서는 여러 단계의 활동이 필요하다.

예를 들면,

'직관적 활동 → 분석적 방법의 설명 ⇔
기호와의 연결 → 연역적 방법.'

과 같은 단계로 진행하는 것이다.

여기서 직관적 활동이란 형식적인 수학 내용을 다루기 전에 활동이나 시각적 도구를 통해 배워야 할 수학 내용의 의미를 내재화하는 과정이다. 예를 들어, 이등변삼각형의 두 밑각의 크기가 같다는 것을 형식적으로 학습하기 전에 종이 위에 그려진 삼각형을 오려서 겹쳐지도록 접은 후 두 밑각의 크기가 같음을 확인해 보는 활동이 해당된다. 여기에 수학적 추론 및 학습 내용과의 연결을 위하여 적절한 발문과 반응, '두 밑각이 왜 같을까?', '접어서 펼친 두 삼각형이 서로 같으니까', '두 삼각형이 왜 서로 같을까?', '아까 두 변이 같아서 두 변이 겹치도록 접었으니까' 등이 수반되어야 한다.

이후 분석적 방법[2)]의 설명을 수학적 기호와 연결하여 접근할 수 있다. 이는 '두 삼각형이 서로 합동이므로 두 밑각의 크기가 같다.'로 설명할 수 있다. 그렇다면 '두 삼각형이 합동인 이유만 찾아보면 된

2) 분석적 방법이란 구하고자 하는 것을 이미 찾은 것처럼, 또는 증명해야 할 것을 참인 것처럼 가정하고, 그 선행하는 어떤 것으로부터 원하는 결과가 유도될 수 있는가를 물어 나가면서 이미 알려져 있거나 참인 것으로 가정한 명제에 도달하는 것이다.

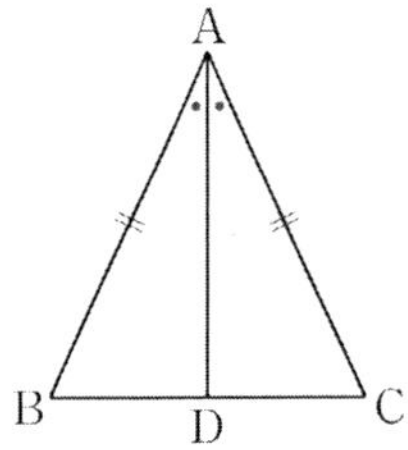

다', '이등변삼각형이므로 두 변이 같고($\overline{AB} = \overline{AC}$), 접은 선은 공통($\overline{AD}$는 공통인 변), 접은 각은 서로 같다($\angle BAD = \angle CAD$). 따라서 두 삼각형은 서로 합동($\triangle ABD \equiv \triangle ACD$)이 되므로 두 밑각은 서로 같다($\angle B = \angle C$).'와 같이 아이들의 인지적 수준과 사고의 흐름에 맞추어 진행하는 것이다.

마지막 연역적 방법은 분석적 방법을 거꾸로 되밟아, 가정에서 결론에 도달하는 종합적인 과정이다. 이러한 연역적 방법은 연역적 추론의 궁극적인 목적이기는 하나 위에서 언급한 바와 같이 처음부터 성급하게 접근하는 것에는 많은 어려움이 따를 수 있다.

왜 이러한 복잡한 단계를 거쳐야 하는가? 이러한 단계 없이도 수학 학습에 지장이 없는 학생은 없는가? 물론 있다. 활동 없이도 모든 명제의 의미를 이해하고 이를 문제 해결에 적용하는데 어려움이 없는 학생도 있다. 수학적 일반화 능력이 뛰어난 학생들이다. 그러나 대부분의 학생들은 수학적 명제를 자신의 지식으로 내면화하기 위해서 구체적인 내용을 추상적으로 받아들이는 과정을 필요로 한다.

반힐레(Van Hiele)의 기하학습 수준이론에 따르면, 아이들은 발달 수준에 따라 기하를 받아들이는 수준이 다르다고 하며 전 단계를 거치고 난 후에야 보다 더 높은 수준의 단계에 도달할 수 있다고 한다. 여기서 반힐레가 주장한 기하학습 수준은 총 5수준으로 구분되어 있는데 그중, 제2수준은 기술적/분석적(analysis) 인식 수준으로서 아이들은 시각적으로 지각되는 모양을 분석함으로써 도형의 성질을 알게 되고 도형의 성질을 인식하고 특징짓는다. 예를 들면, 마름모를 네 변의 길이가 같은 도형으로 인지하고 구분 지을 수 있다. 그러나 이 시기에는 아이들이 도형들 사이의 포함관계를 인식하는 데 어려움을 겪는다.

제3수준은 관계적/추상적(또는 비형식적, informal deduction) 인식 수준으로서 개념에 대한 추상적 정의를 형성하고, 개념의 성질에 대한 필요조건과 충분조건을 구분하며, 다양한 성질을 발견함에 따라 그 성질들을 조직할 필요성을 느낀다. 이 수준의 아이들은 정사각형은 마름모인 동시에 직사각형이고 평행사변형이며 사다리꼴임을 이해하고, 사각형이 두 개의 삼각형으로 분해될 수 있고 한 삼각형의 내각의 합은 180°이므로 사각형의 내각의 합이 360°라는 사실을 연역할 수 있다. 그러나 학생들은 연역적 추론, 즉 형식적 증명을 완전히 이해하지는 못하며, 연역적인 체계를 전체적으로 파악하는 수준에는 이르지 못한다.

따라서 제2수준이나 3수준의 정도에 있는 학생들한테 연역적 추론을 위한 수학의 추상적 인식을 요구하는 것은 무리일 수 있으며 다양한 활동을 병행하며 도형의 성질을 연결 짓는 것이 필요하다.

즉, 연역적 추론이 잘 이루어지기 위해서는 전 단계에서 그 내용을 연결 지을 충분한 활동을 동반하는 것이 좋다. 그러나 현실에서는 문제 풀이에 치중하느라 이 중간 과정이 모두 생략되는 일도 벌어진다. 여러 가지 모양의 삼각형에서 내접원과 외접원을 그려보는 활동을 통해 아이들이 직관적으로 내심과 외심을 찾고, 그 성질들의 바탕이 되는 현상이 무엇인지 느낄 여지도 없이 수학적 결론만 지식으로 암기하고 마는 것이다.

단순화 전략의 팁

아이가 어려워서 풀지 못하고 힘겨워하는 문제들을 잘 살펴보면, 이 문제의 상황이나 조건을 단순화해서 적용하면 아이가 쉽게 풀 수 있는 문항이 많다.

예를 들어, 분수계산을 할 수 있는 아이임에도 불구하고 '28, $5\frac{3}{4}$ 길이의 색 테이프를 겹쳤을 때, 겹친 부분을 뺀 나머지 길이를 구하는 문제'를 못 푸는 아이가 있다고 해보자. 우선 아이들은 겹쳐진다는 것의 의미를 파악하지 못한 것일 수 있으니 실제 색 테이프를 가지고 겹쳐지는 상황을 보이면서, 색 테이프의 길이가 겹쳐지는 부분에 따라 어떻게 변하는지에 대한 상황과 문제에서 제시된 문장을 비교 설명해주는 과정이 필요하다. 그리고 나서도 문제에 접근하지 못한다면 이때에는 단순화 전략을 활용하는 게 좋다.

예를 들어, 문제에 나와 있는 숫자인 28, $5\frac{3}{4}$을 직접 사용하기보다는 간단한 조건이나 수를 가지고 설명하는 게 필요하다. 가령, 5cm인 색 테이프 2장을 겹치지 않고 이어 붙였을 때의 전체 길이를 구해 보는 것이다. 그리고 난 후 숫자를 단순화해서 색 테이프를 1cm, 2cm 겹쳤을 때의 전체 길이를 구해 보도록 하는 것이다. 이러한 단순화시킨 문제 상황을 이해시킨 후 주어진 실제 문제는 아이가 직접 풀어보도록 하는 단계적 접근 과정이 필요하다.

수학 기호의 사용

중학교에서 다루는 다음과 같은 명제 '평행사변형에서 두 쌍의 대변의 길이는 각각 서로 같다.'에서 두 쌍의 대변의 길이가 각각 서로 같다는 것을 그림으로 그려서 설명하면 이해하지만, $\overline{AB}=\overline{DC}$, $\overline{AD}=\overline{BC}$로 나타내면 이해하지 못하거나 수학 기호를 기피하는 아이들이 있다.

기하 단원의 연역적 추론에서 필수적으로 등장하는 것이 수학적 기호이다. 물론 수학적 기호는 +, −부터 계속 사용해왔지만, 이 무렵부터 학생들의 기호 사용에서의 어려움은 여실히 드러난다. 수식에 익숙지 못한 아이들은 식의 구조를 파악하는데도 어려움을 겪을 가능성이 있다(문항에서 요구되는 것이 다항식인지 다항함수인지를 구별하지 못하거나 다항식과 함수 자체를 구별하지 못하기도 함). 왜냐하면 수식으로 나타낸 것에 대한 구분이 쉽지 않기 때문이다.

수학 용어에 대한 어려움도 기호에서의 어려움과 유사하게 나타나기도 한다. 예를 들어 고등학교에서는 형식적 수학이 강화되며 그 시작이 집합일 수 있는데, 집합에서 사용되는 교집합, 합집합, 차집합, 여집합의 개념을 정확히 이해하지 못하고 기호와 복합적으로 적용되는 연산법칙을 어려워하는 경향이 있다. 집합에서 조건제시법으로 나타낸 것의 의미를 말로 풀어서 설명해 보라고 하면 그 기호의 의미를 설명하지 못하는 아이들도 적잖이 있다. 이런 아이들은 답을 다 구해 놓고도 해의 조건이나 해를 조건제시법으로 나타내는 것을 하지 못해서 답을 완성 짓지 못하기도 한다. 또는 집합과 연관된 정의역, 치역과 같은 용어와 이에 따른 기호 표기에 대한 이해가 되어야 함수의 이해가 수월해진다.

따라서 어떤 수학 내용을 이해하기에 앞서서 수학적 용어 및 이에 대한 수학적 기호를 이해하고 익숙해질 수 있도록 해야 한다. 또한 절차적 문제 풀이에만 치중하지 말고, 용어의 혼돈과 오개념 등을 줄이려는 노력을 해야만 어려움을 극복할 수 있다.

수학적 기호는 개념을 인지하고 개념을 떠오르게 하며 수학적 의사소통을 가능하게 하는 중요한 수단이다. 이등변삼각형에서 두 변이 같다는 것을 말할 때, 이등변삼각형을 그려 두 변에 같다는 것을 표시할 수 있지만, $\overline{AB}=\overline{AC}$ 와 같이 기호로 나타내는 방법도 있다.

이처럼 기호를 이용해서 나타내는 방법이 더 추상화된 개념이고 새로운 개념이 들어간 고차원의 개념이라 볼 수 있다. 이는 그림을 그려서 나타내는 것과 같이 직접적인 감각 정보가 아닌 모든 이등변삼각형의 유사성에 기초한, 독립된 개체로서 기능할 수 있는 더 추상화된 기능이기 때문이다.

초등학교까지는 수학적 기호 사용에 대한 아이들의 부담감이 극명히 드러나지 않으나 중학교에서부터는 이로 인한 어려움이 다른 수학적 기능에까지 영향을 주게 된다. 왜냐하면 중학교에서부터는 많은 수학적 개념을 묻는 문제들이 기호나 용어(개념)에 대하여 정확한 이해가 선행되어야 해결할 수 있기 때문이다. 그만큼 수학에서 기호를 배우고 사용하는 것은 중요하다.

따라서 중학교에서는 어떤 개념을 학습하는 방법은 두 가지 모두에 초점을 두어야 한다. 하나는 직관적으로 개념을 알 수 있도록 다양하고 구체적인 예를 활용하는 것이고, 다른 하나는 예로부터 일반적으로 표기할 수 있도록 연관된 기호를 사용하는 방법이다.

즉, 그림을 그려보거나 다양한 예를 통해 수학적 명제의 의미를 이해하는 활동 후에는 그 수학적 명제가 문장에서부터 기호로 어떻게 변환되어 표현될 수 있는지를 찬찬히 짚어 보는 것이다. 즉, 문장에 대한 이해와 기호로의 변환이 동시에 이루어져야 하는 것이다.

관찰내용

사례자는 중학교 1학년 학생으로서, 함수 단원 활용문제에서 '풀이 과정'을 제시하는 것에 어려움을 느끼며, 이미 알고 있는 수학적 개념도 종이 위에 기호를 이용하여 나타내 보게 하자 이를 어려워하였다.

코멘트

우리는 등호가 가장 일반화되고 쉬운 기호라고 생각하지만 실제로 많은 아이들이 등호에 대한 개념을 바르게 이해하지 못하며, 그것을 적절하게 사용하지 못하는 경우가 나타나기도 합니다. 즉, 수학 기호의 사용은 아이들에 따라 다른 양상과 이해 정도를 보이는 부분인 것입니다.

위 사례자처럼 유난히 수학적 수식을 읽고 쓰는 것에 대해 어려움을 표하는 아이들도 있는데, 이런 아이들은 그때그때 문제에 나와 있는 함수식을 다시 써보면서 수식과 기호에 먼저 익숙해질 수 있도록 지도하는 게 필요합니다. 그러나 처음부터 풀이과정이나 수식을 서술형 문제 답안지처럼 자세히 쓰도록 하는 것이 아니라 문제 해결에 필요한 수식을 익숙해지도록 써 보는 것입니다.

또한 이런 연습을 시킬 때에는 아이가 풀기 어려운 문제로 하는 것이 아니라 아이가 풀 수 있는 아주 쉬운 문제 중에서 의도적으로 기호를 이용해서 풀이를 나타내 보게 하는 것입니다.

가령 위 사례자가 아주 쉽게 푼 문제(풀이 과정은 거의 나타나 있지 않음) 중에서 함수식과 좌표 기호를 추가하여(사례자의 경우, 문제에 주어진 수식과 조건인 $y=\frac{a}{x}$, $(-1,\ -2)$ 등과 같은 내용) 풀이 과정을 다시 한 번 써 보면서 문제 풀이를 정리해 보는 것도 도움이 됩니다.

풀이과정에서 아이디어가 떠올랐다 하더라도 수식 전환 사고가 동시에 이루어지지 않는 아이는 문제 해결에 어려움을 겪을 가능성이 크기 때문에 반드시 수학 학습에서는 수학 기호와 친해질 필요가 있습니다. 그러나 문제는 아이의 수학적 아이디어가 부족했음이 아니라 수식 전환 사고가 어려웠기 때문에 결과적으로 문제 해결에 실패한 것인데 겉으로 보면 그 차이를 구분하기가 쉽지 않다는 것입니다.

따라서 평소에 아이가 문제에 대한 답은 잘 내지만, 수식을 정확히 써서 푼 문제가 없다면, 수식을 기피하거나 친숙하지 않는 아이일 수 있으므로 주의 깊은 관찰이 요구됩니다.

수학 개념 학습

수학적 개념(concept)이란 여러 가지 의미로부터 수학적 성질로써 '추상화'(abstracting) 된 것이다. 여기서 추상화란 같은 것으로 '분류'(classifying) 된 것들에서 공통의 성질을 추출하여 인식하는 활동이다.

예를 들어, 일반 삼각형, 이등변삼각형, 정삼각형 등의 다양한 삼각형이 있다고 하자. 이것들을 유사성에 따라 같은 종류(class)에 속한 것들의 공통적인 성질을 정의해서 특징짓는다. 그중 '이등변삼각형'의 종류에 속하는 모양을 생각해보자. 그것들도 수많은 다른 모양을 갖는 삼각형이 있지만 이들의 공통적 성질인 '두 변의 길이가 같은 삼각형'이라는 성질로 추상화시킨 것이 바로 이등변삼각형의 수학적 개념이다.

이러한 고도의 추상화된 수학적 개념을 아이들에게 제대로 학습할 수 있도록 하는 방안은 무엇일까? 스캠프(Skemp)는 이에 대하여 다음과 같이 주장한다.

첫 번째, 학습자가 앞으로 필요한 수학적 개념을 구성할 수 있도록 기본적인 개념의 구조를 튼튼히 하는 것이다. 두 번째는 학생들에게 기본적인 규칙성을 그들 스스로 찾도록 가르치는 것이다. 세 번째는 학생들에게 항상 자신이 이미 구성해 놓은 개념을 언제든 재구성할 수 있도록 가르치는 것이다. 즉 필요에 따라 적절한 다른 개념으로 대치하거나 변형시켜서 더 좋은 것으로 대체할 수 있도록 하는 것이다.

위에서 말한 첫 번째 것은 수학을 가르치는 것이고, 두 번째와 세 번째는 수학을 학습하는 방법을 가르치는 것이다. 현재 수학을 배우는 학습자가 앞으로 어떤 과제를 만나서 어떤 아이디어가 필요하게 될는지는 모른다. 그럴 때마다 필요한 모든 아이디어를 일일이 학습할 수는 없다. 지금 학습하는 수적 개념이 장기적인 안목을 가지고 미래에 만나게 될 수학적 과제에도 적용할 수 있는 개념이 되도록 해야 한다는 것이다. 이럴 때 위의 두 번째와 세 번째 방법이 학생들에게 예측되지 않는 미래를 대비시키는 방법이라는 것이다.

다시 정리하자면, 아이들이 수학을 단순한 기호 조작이나 암기식 알고리즘에 의한 학습만이 아닌 수학적 개념 형성이 제대로 이루어지도록 학습하고 있는지에 관심을 두어야 한다는 것이다. 따라서 아이에게 무조건 수학적 개념을 지식으로 받아들이도록 종용하는 것보다는 아이의 머릿속에서 재구성이 필요한지, 어느 정도 되고 있는지 살피고 재구성 단계에서는 학습 속도를 늦추고 이를 견고히 할 수 있도록 지지해 주어야 한다.

유기체로서의 개념

단편 개념이 아닌 유기체로서의 개념을 형성한 아이는 어떤 상황에 놓였을 때, 이를 해결하기 위해 필요한 개념을 자신이 갖고 있던 개념으로부터 유도하여 자신의 지식을 그 상황에 맞게 적응시킨다. 이는 자신이 갖고 있던 개념들을 분리하여 다른 독립된 조작을 통해 새롭게 변신시키는 것이다. 이러한 능력을 위해서는 별개의 개념들이 필요에 따라 서로 위계 구조를 가지면서 서로간의 연결을 통해 다른 것으로 바꾸어 나갈 수 있어야 하는 것이며, 바로 이러한 힘을 가진 것이 유기체로서의 개념이다.

따라서 유기체적인 개념 형성은 후에 또 다른 개념을 형성하는 데 있어서 인지적 부담을 크게 줄여 준다. 더욱이 대부분의 이러한 개념은 일반적으로 수학을 응용하는 데 대단히 중요하게 기여하는 아이디어들이다. 이러한 유기체로서의 개념을 얻기 위한 시간은 단편 개념을 얻기 위한 시간 투자보다 일반적으로 오래 걸리는 것은 사실이다. 그러나 그러한 시간 자체가 심리적 가치—현재 학습이 즐겁고 더 오래 지속할 수 있음—뿐 아니라, 수학적 가치—아이디어 자체가 수학적으로 매우 중요함을 의미함—가 있다.

예를 들어, 어떤 아이는 '두 삼각형의 합동조건'과 '두 직각삼각형의 합동조건'을 별개의 것으로 생각하고 이를 암기한다. 그러나 두 삼각형의 합동조건을 이해한 학생에게 "두 직각삼각형의 합동조건은 이미 직각이라는 조건이 주어져있으므로 삼각형의 합동조건 2(두 변의 길이가 각각 서로 같고, 그 끼인각의 크기가 서로 같을 때)와 삼각형의 합동조건 3(한 변의 길이가 서로 같고, 그 양 끝각의 크기가 각각 서로 같을 때)을 만족하는 두 삼각형의 합동조건이다"로 두 직각삼각형의 합동조건을 연결 지을 수 있다. 이 때 학생들은 두 삼각형의 합동조건 개념을 유지하고 거기에 직각의 조건만을 수정하여 두 직각삼각형의 합동조건을 자동적으로 알 수 있는 것이다.

그러나 이러한 유기체적인 개념을 형성하기 위하여 필요한 낮은 차원의 개념은 다음 단계의 개념을 학습하기 전에 미리 정확히 알고 있어야 한다. 따라서 가르치는 사람은 새로운 개념을 학습하기 전에 이에 선행되는 개념들이 무엇인지 알아야 하며 이를 위한 선행 경험이 무엇인지 알아야 한다. 이러한 것을 아는 사람만이 학습자가 과제를 할 수 있도록 적절한 계획을 세워 제시할 수 있는 것이다.

예를 들어, 마름모의 개념을 이전에 알고 있는 개념으로부터 형성하기 위해서는 평행사변형의 의미(두 쌍의 대변이 평행한 사각형)를 정확하게 이해하는 것에서 출발할 수 있다. 그렇게 되면 '마름모는 네 변의 길이가 같은 평행사변형이다'는 명제로 마름모를 정의할 수 있다. 왜냐하면 평행사변형의 조건을 유지하고 거기에 네 변의 길이를 같게 하는 조건만을 추가하게 되면 그 평행사변형은 마름모가 되어 학생들이 마름모를 이해할 수 있기 때문이다. 즉, 마름모의 개념을 형성하기 위해 학생들은 평행사변형을 구성하는 '평행사변형, 변, 같다' 등과 같은 낮은 차원의 개념을 갖고 있어야 하는 것이다. 또한 고등학교에서 다루는 로그도 지수로부터 정의된 개념이므로 지수에 대한 정확한 이해가 부족한 상태에서 로그에 대한 성질을 논리적으로 이해하기는 어려움을 겪을 수밖에 없다.

그러나 위와 같이 직접적으로 개념이 위계적으로 확장되는 예도 있으나 그렇지 않을 때도 있다. 예를 들면, 분수는 이미 알고 있는 것의 확장이 아니고, 새로운 수 체계이다. 그동안의 자연수들은 세 자리, 네 자리, 다섯 자리 수의 덧셈까지 곧바로 확장하게 된다. 곱셈은 같은 수를 계속 더하는 것이고, 큰 수의 곱셈은 간단한 곱셈의 확장이다. 그러나 분수 체계는 그 자체가 다른 것이며, 새로운 특성이 있다. 분수의 곱셈은 더 이상 같은 수를 더하는 것으로 이해될 수 없다.

분수의 의미는 부분-전체의 의미, 측정의 의미, 몫의 의미, 비의 의미, 연산자의 의미로 볼 수 있다. '부분-전체의 의미'는 분수를 부분-전체로의 의미로 연결하는 것으로 연속량이나 이산량을 똑같은 크기의 부분이나 집합으로 분할하여 부분-전체의 관계를 양으로 나타낸다. '측정의 의미'는 길이나 무게 등 어떤 양을 측정하는 과정에서 발생하게 되는 분수로 이것이 측정의 의미로서의 분수이다. '몫의 의미'는 방정식 $ax=b$의 해를 구하는 과정에서 x의 값은 몫으로서, $\frac{a}{b}$로 나타내는 것이다. '비의 의미'는 한 수를 다른 수와 비교하는 것으로서 두 양의 상대적인 크기를 나타낸다. 즉, 비는 수라고 하기 보다는 비교 지표(comparative index)로서, 등분할 상태에서 두 양의 상대적인 크기를 나타내는 비의 의미에서는 같은 수를 나타낸다. '연산자의 의미'로서의 분수의 의미는 주어진 수(개수)를 주어진 분수만큼의 수(개수)로 변환시켜 나가는 것을 의미한다.

따라서 분수를 이해하기 전에 수에 관한 개념이 전반적으로 재구성되어야 한다. 가령 분수의 상등(동치 분수) 개념을 이해하기 위해서는 동등하게 분할하는 개념으로서 분수 이해가 선행되어야 한다. 또한 분수의 개념 형성 단계에 있어서 유닛(unit)이 되는 1을 지도하는 것이 매우 중요한 부분이다. 이는 전체와 부분 사이의 관계를 나타내는 것이다. 따라서 분수를 표현하기 위해서는 먼저 단위가 되는 것을 정해주는 경험을 해 보는 것이 필요하다. 이를 위한 다양한 활동의 예를 들면, 분수 막대를 가지고 연두색(3)과 검은색 막대(7)를 비교할 때, 곱셈의 관점에서 보면 연두색을 1로 하면, 검은색은 2와 $\frac{1}{3}$이 되며, 검은색을 1로 하면 연두색은 $\frac{3}{7}$이 되는 등의 활동을 해 보는 것이다. 또한 이를 위해서는 아이가 가진 선행 지식인 비(비율), 배수 개념 이해 정도를 확인할 수 있어야 한다.

또한 기존에 접근했던 내용과는 다른 접근 방식으로 개념을 도입하면서 개념을 연결해 나가기 어려운 부분도 존재 한다. 예를 들어, 고등학교에서 다루는 함수는 중학교에서 배우는 체계와 다르다. 이는 실수에서 실수로 대응되는 함수의 개념으로 넘어가는 과정이 학생들에게는 약간 논리의 비약으로 자연스러운 개념 연결이 이루어지지 않아 어려워할 수 있다. 이런 경우에는 중학교 함수 내용과 고등학교 함수 내용을 완전히 별개로 보는 것보다는 중학교에서 사용한 정의와 대비시키며 고등학교 때 집합을 도입한 정의인 실수와 실수 사이의 자연스러운 대응을 함수로 이해할 수 있도록 해야 한다.

바로 이것이 단편적인 개념이 아니라 살아서 성장해 나가는 유기체로서의 개념이 형성되기 위한 방법이다. 즉, 이러한 유기체로서의 개념은 많은 경험 속에서 그리고 그 경험의 부류들을 결합하거나 관련시키는 과정을 통해 형성된다. 따라서 항상 최종 지식 형태의 수학만을 학습하는 것은 이러한 유기체로서의 지식을 강화하는데 도움이 되지 않는다.

수학적 의사소통

수학적 개념은 본인이 스스로 구성해 나가는 것이지만 적절한 환경이 잘 배양되면 더 잘 구성될 수 있다. 예를 들어, 수학적 의사소통이 활발히 이루어진다면 개념을 더 빨리 내면화시킬 수 있고 또한 다른 개념으로의 적용이나 전이가 용이하게 된다.

또한 아이의 수학적 개념이 잘 형성되었는지에 대한 판단 방법 중 하나는 수학적 개념의 의사소통이 원활하게 이루어지는가를 점검하는 것을 통해 개념 형성의 내용을 살펴보는 것이다. 개념이 잘 이해되었는지 알 수 있는 방법은 개념에 해당되는 최종적인 수학적 정의를 제시해 보도록 하는 방법도 있으나, 개념의 질적인 형성을 보기 위해서 그 개념의 적절한 예를 제시하거나 어떤 분류에 들어가는지 그렇지 않은지를 판단하도록 하는 것이다. 일단 개념이 형성되면 다른 개념과의 관계나 차이를 설명할 수 있기 때문이다. 예를 들어, 이등변삼각형 분류에 들어가는 삼각형의 예를 다양하게 제시한다거나 꼭지각이 아래에 있는 이등변삼각형을 이등변삼각형의 분류에 넣지 않는 것을 보고 이등변삼각형 개념이 형성되었는지 그렇지 않은지를 판단해 볼 수 있다.

또한 스캠프는 어떤 수학적 개념을 형성하기 위해서는 개념 형성 과정에서 어떤 종류에 들어가는 것들의 유사성을 인식할 기회와 다른 분류에 들어가는 것들에 대한 '대비'(contrast)를 해 볼 필요가 있다고 하였다. 예를 들면, 이등변삼각형 종류에 들어가는 다양한 삼각형들 중 유사성을 인식하고 때에 따라서는 다른 종류에 들어가는 삼각형들과 대비시켜보면서 더 쉽고 견고하게 추상화시킬 수 있는 것이다.

따라서 개념을 형성하기 위해서는 무언가 공통이 되는 종류에 들어가는 것들을 다양하게 접해보는 경험이 필요하다. 이런 식의 경험을 통해 한 번 개념이 형성되면, 어떤 개념의 '예'가 되는 것들을 보다 더 잘 말할 수 있다.

아이들 중에는 수학 내용이 머릿속에서만 그려지는 것이 아니라 실제 눈으로 볼 수 있고 실제 생활에서의 예로써 설명될 수 있다면 훨씬 그 의미를 잘 받아들이고 심리적으로도 편안함을 느끼는 아이들이 많다. 즉, 수학의 형식적 개념 정의를 이해하지 못했다 하더라도, 이 개념을 일상적인 문장, 그래프, 그림, 다이어그램 등의 방법을 동원할 때에는 자신의 이미지로 변환하여 이해하기 시작한다.

이러한 학습 심리를 받아들여 최근에는 수학 내용을 시각화 자료로 번안하고 이를 활용하는 것이 일반적이다. 예를 들어, 함수 학습에서도 함수 $f(x)=2x+3$의 의미를 단지 식으로만 나타내는 것이 아니라 표나 그래프로 나타내어 그 특징을 관찰할 수 있도록 한다거나 이 함수식을 적용받는 실생활 예시를 찾아 제시하는 등의 활동을 한다.

이러한 활동도 넓은 의미에서 수학적 의사소통이라 한다. 수학적 개념을 형식적 기호를 사용하여 나타내는 것 외에도 그 내용을 표현할 수 있는 여러 가지 의사소통 방법을 활용하는 것이다.

수학적 의사소통을 보다 활발히 할 수 있는 방법을 일상생활과의 연결이다. 실제 수학교육의 목적 중 하나가 주변에서 나타나는 현상을 수학적으로 표현하고 해결할 수 있는 것이다.

예를 들어, 실생활에서 함수적 사고를 키울 수 있도록 해야 하며, 다양한 현상을 통하여 종속 관계를 다룸으로써 함수 개념을 형식화할 수 있어야 한다. 함수적 사고는 실생활에서 변화의 종속성에 따라 한 변수가 변함에 따라 다른 한 변수가 변화함을 변수들 사이의 특성을 파악하여 식이나 그래프로 나타내고 이를 통하여 현상을 해석하고 예측할 수 있는 능력을 의미한다.

이를 위해서 아이들은 주변의 현상을 적절한 수학적 개념으로 설명하고 예측하고 조절하는 상황에 노출되어야 한다. 그런 상황들은 무엇이 있을까? 예를 하나 들자면, '아침에 일어나서 달력을 보고 오늘 날짜를 찾아서 무슨 요일인지 확인했다(날짜에 따른 요일의 변화), 화분에 물을 주고 난 후 시간이 지남에 따라 강낭콩이 얼마나 컸는지를 확인하기 위하여 강낭콩의 키를 쟀다(시간에 따른 강낭콩의 키의 변화), 오늘은 주말이라 등산을 하기로 했다. 산을 오르다가 산 높이에 따른 온도를 측정했다(산의 높이에 따른 온도의 변화), 점심은 산에서 컵라면을 먹기로 했다. 라면이 맛있기는 하였으나 라면의 국물을 많이 먹을수록 소금도 많이 섭취하는 것 같아 걱정이 되었다(국물 양에 따른 소금의 양의 변화)' 와 같이 대단히 먼 곳에 있는 것이 아니라 일상 생활에서도 나타날 수 있다. 이렇게 일상 생활에서 나타나는 현상을 수학으로는 어떻게 표현할 수 있을까를 생각해볼 수 있는 기회를 제공해야 한다.

물론 이러한 현상들을 수학식으로 세우라는 의미가 아니다. 이러한 현상을 아이들 수준에서 수학적 시각으로 바라볼 수 있는 기회를 갖게 한다는 의미이다.

관찰내용

우리 아이는 '$6 \div \frac{3}{4}$을 계산하라'는 문제는 잘 푸는 반면에, '6L 우유를 3/4L 컵에 똑같이 나누어 담고자 할 때, 컵은 몇 개가 필요한가?'라는 문제를 못 풀었다. 같은 분수 나눗셈인데 왜 못 풀었던 것인가?

코멘트

분수 나눗셈의 원리를 모르고 절차적 계산 연습만 많이 한 아이들은 알고리즘적인 계산은 하나 응용문제나 실생활 적용문제에서는 문장에 담겨 있는 수학적 의미를 수식으로 변환하지 못하는 경우가 많습니다.

그렇다면 이런 문제는 어떨까요? '귤 10개를 5개의 접시에 똑같이 나누어 놓으려한다. 한 개의 접시에 귤이 몇 개씩 놓으면 될까?' 이 문제는 대부분 쉽게 해결할 수 있을 것입니다.

분수 연산의 의미는 기본적으로 자연수의 연산을 바탕으로 합니다. 자연수의 나눗셈은 등분제와 포함제의 두 가지 경우가 있습니다. 등분제는 똑같이 나눈다는 의미로서, 단위의 크기를 묻는 경우에 해당됩니다. 포함제는 측정의 의미로 양의 크기를 일정한 단위로 측정하였을 때 얼마나 되는가를 묻는 경우입니다.

분수 나눗셈 모델	예시
$\frac{3}{4} \div 6$에 대한 등분 모델	케이크의 $\frac{3}{4}$이 접시에 있다. 6명이 똑같이 나누어 먹는다면 한 명이 먹는 케이크의 양은?
$\frac{3}{4} \div \frac{1}{4}$에 대한 포함 모델	피자 한 판의 $\frac{3}{4}$을 한명이 $\frac{1}{4}$만큼씩 먹는다면 총 몇 명이 먹을 수 있나?
$\frac{3}{4} \div \frac{1}{3}$에 대한 넓이 모델	직사각형의 넓이는 $\frac{3}{4}$이다. 세로의 길이가 $\frac{1}{3}$일 때 가로의 길이는 얼마인가?

따라서 분수의 나눗셈 역시 자연수의 연산을 바탕으로 등분제, 포함제로 나타낼 수 있고 한 가지 더 추가해서 직사각형의 넓이의 의미로 구분할 수 있습니다.

분수 나눗셈 문장제 문제를 해결하기 위해서는 평상시 나눗셈의 일상생활에서의 의미를 이해할 수 있도록 나눗셈의 상황을 문장으로 만들어 보도록 하는 것도 좋은 방법입니다. 이는 스토리텔링과 같은 기법으로서 주변의 상황을 이용하여 주어진 문제와 유사하게 만들어 보는 활동을 하는 것입니다. '쿠키가 6개 있다. 쿠키 한 개를 4조각으로 나누어 그중 3조각씩을 학생들에게 나눠 주려 한다. 총 몇 명의 학생이 쿠키를 받을 수 있을까?' 와 같이 자신의 문제로 변형해 보는 활동이 유용합니다.

메타인지

Metacognition

메타인지(meta cognition)는 '인지에 대한 인지' 또는 '사고에 대한 사고' 라고도 한다. 수학 학습에서의 메타인지란 문제를 해결하는 과정에서 자신이 하고 있는 문제 전략과 해결 단계를 의식하는 것이며, 자신의 사고에 의해 얻어진 산출물을 반성해보고 이를 평가해 볼 수 있는 능력을 말한다. 숀펠드(A. Schoenfeld)는 메타인지적 기술은 문제 해결력을 강화시킬 수 있다고 하였다.

따라서 각 문제 해결 단계에서 메타인지가 잘 활성화되기 위한 교육이 필요하다. 예를 들어, 활용문제(문장제 문제)를 보자.

'문제이해 → 계획 세우기 → 문제 해결(풀이) → 점검' 중 많은 학생들이 풀이 단계는 잘 하는 데 반해서 '문제이해 → 계획 세우기' 단계에서 곤란함을 겪는다. 아이들은 처음 문제를 접했을 때 문제가 진흙 덩어리가 뭉쳐져 있는 것처럼 보인다고 한다. 그러니 뭉쳐있는 진흙 덩어리를 어떻게 바라봐야 할지 모르는 것이다.

자, 여기서 메타인지가 발동하기 시작한다. '이 덩어리를 내가 어떻게 문제로 바라볼 것인가? 그리고 어떻게 문제 해결 과정을 거쳐 목표점까지 도달할 것인가?'를 생각하는 것이다. 그리고 이를 위해 먼저, 이 덩어리를 쪼개는 것부터 할 것이다. 문제에 배경으로 주어진 '상황', 문제에서 주어진 '조건', '식으로 나타내야할 문장' 등 전체 문장을 분석하는 과정이다.

이와 동시에 마음속에서는 내가 '문제를 제대로 이해하였는지', '문제를 푸는데 필요한 정보를 잘 파악하였는지', '빠뜨린 것은 없는지' 스스로 점검하는 것이 메타인지의 기능이다. 이를 보다 효율적으로 하기 위해 문항에 주어진 주요 조건에 표시를 해 보거나, 문항을 끊어 읽으면서 의미를 파악하려는 시도를 할 수 있다.

풀이 단계는 메타인지가 개입할 여지가 적지만 문제이해와 계획 세우기, 그리고 풀이를 점검하는 과정에서는 메타인지가 직접적으로 작동한다.

다음은 문제 해결 각 단계에서 메타인지를 활성화시키기 위한 주요 전략이나 활동을 제시한 것이다. 이러한 메타인지 전략을 의도적으로 훈련하는 것으로도 문제 해결 능력을 향상시킬 수 있다.

문제이해	Ⅰ. 문제를 풀기 전에 - 자신의 말로 문제를 설명해 본다. - 문제를 푸는 데 필요한 정보에 대하여 생각해 본다. - 필요 없는 정보가 있는지를 생각해 본다. - 풀 수 없다고 생각이 들면 왜 풀 수 없는지를 생각해본다.
계획 세우기	Ⅱ. 문제를 해결하기 위한 전략 - 그림을 그린다. - 추측하고 점검한다. - 표를 만들어 이용한다. - 구체물을 이용한다. - 단순화한다. - 문제의 순서대로 해 본다.
문제 해결 (풀이)	Ⅲ. 문제를 푸는 도중에 - 문제를 풀면서 단계별로 자신의 활동을 점검해 본다. - 너무 한 부분에만 빠져들고 있지는 않은지 점검해본다. - 문제를 푸는데 필요한 정보가 모두 들어갔는지 확인해 본다. - 문제에 제시된 조건이나 성질 관계가 바르게 적용되었는지 확인해 본다. - 계산은 바른지 확인해 본다.
점검	Ⅳ. 문제를 다 풀고 난 후에 - 풀이 절차가 정확하게 이루어졌는지를 확인해 본다. - 답이 옳은지를 확인하기 위해 문제를 다시 본다. - 문제를 푸는 또 다른 방법을 생각해 본다. - 중요한 정보를 기록한다. - 문제 속에 어떤 원칙이 들어 있는지 다시 생각해 본다. - 여러 가지 생각해 낸 사실 중에 가장 효율적인 것과 새로운 것은 무엇인지 생각해 본다. - 나는 잘 할 수 있다는 자신감을 갖는다.

나는 무엇을 알고 무엇을 모르나

학습의 기본은 자신이 아는 것과 모르는 것이 무엇인지를 아는 것이다. 학습에 어려움을 겪는 많은 학생들의 특징이 바로 이 부분에 대하여 적극적이지 않다는 것이다.

저자가 관찰한 어떤 중학교 1학년 학생은 거듭제곱 문제를 풀지 못하고 있었다. 이 문제는 '거듭제곱의 의미와 이를 나타내는 방법'을 알아야 풀 수 있는 문제이고, 본인이 그것을 모르고 있음에도 불구하고 자신이 어떤 것을 몰라서 못 풀고 있는지조차 스스로 인지 못하고 있었다. 거듭제곱의 의미와 이를 나타내는 방법이 무엇인지 찾아서 공부하게 한 후 다시 문제를 풀도록 하였더니 어려움 없이 문제를 풀 수 있었다.

이 학생의 공부 습관을 살펴보기 위하여 평상시 공부하는 문제집을 펼쳐보니, 문제집 위에 공부를 한 흔적은 있으나 어떤 문제가 맞은 문제이고(알고 있는지) 무엇을 틀렸는지 전혀 파악을 할 수 없었다. 본인이 맞은 문제와 틀린 문제가 어떤 것인지 묻자, 모른다고 했다. 어떤 것을 맞았는지 틀렸는지도 모르는 것이다. 소위 말하는 '공부를 체계적으로 한다'는 것은 자신이 알고 모르는 것을 분명히 파악하는 것에서 출발한다. 자신이 공부한 내용들 중에서 자신이 정확히 알고 있는 것이 무엇인지 모르는 것은 또 어떤 것인지를 파악할 수 있도록 표시해 두거나 따로 노트 정리를 하는 연습이 필요하다.

아이들이 대답하는 수학 잘 하는 비결은 뭘까?

초등학생들이 대답하기로는 자신이 수학을 잘 하기 위해서 필요한 요건을 다음과 같은 우선순위로 대답한다. 예습과 복습하기, 수업시간에 집중하기, 이해 안 되는 부분 다시 공부하기, 모르는 문제 질문하기, 인내심을 가지고 풀기, 다양한 유형의 문제를 풀어보기, 잘 할 수 있는 확신과 흥미 가지기, 친구와 함께 공부하기, 문제 풀이 과정을 잘 정리하기, 혼자서 공부하는 시간 늘리기, 휴대폰 및 컴퓨터로 노는 시간 줄이기, 목표를 정하고 계획을 세워 공부하기, 수준에 맞는 교재 선택하기, 한 문제에 대해 여러 가지 방법으로 풀어보기 등이다.

중학생 경우에는 수업시간에 집중하기가 가장 우선이었고, 그다음은 예습과 복습하기, 이해 안 되는 부분 다시 공부하기, 다양한 유형의 문제를 풀어보기, 모르는 문제 질문하기, 인내심을 가지고 풀기, 휴대폰 및 컴퓨터로 노는 시간 줄이기, 혼자서 공부하는 시간 늘리기, 문제 풀이 과정을 잘 정리하기, 잘 할 수 있는 확신과 흥미 가지기, 수준에 맞는 교재 선택하기, 친구와 함께 공부하기, 목표를 정하고 계획을 세워 공부하기, 한 문제에 대해 여러 가지 방법으로 풀어보기 순서로 나타났다.

고등학생도 크게 다르지 않는데, 예습과 복습하기, 수업시간에 집중하기. 다양한 유형의 문제를 풀어보기, 혼자서 공부하는 시간 늘리기, 이해 안 되는 부분 다시 공부하기, 인내심을 가지고 풀기, 모르는 문제 질문하기, 휴대폰 및 컴퓨터로 노는 시간 줄이기, 잘 할 수 있는 확신과 흥미 가지기, 문제 풀이 과정을 잘 정리하기, 수준에 맞는 교재 선택하기, 목표를 정하고 계획을 세워 공부하기, 한 문제에 대해 여러 가지 방법으로 풀어보기, 친구와 함께 공부하기 등으로 나타났다.

수학을 잘하기 위하여 자신이 어떤 학습태도를 취해야 하는가에 대한 대답은 학교급에 관계없이 모두 유사했다.

그 외의 질문들...

답안지 활용법

많은 학부모들이 수학 학습에서 답안지를 봐야 하는지 보지 말아야 하는지, 본다면 언제 봐야 하는지에 대한 질문을 많이 한다.

수학 학습에서 방법이나 지식을 얻는 것보다는 모르는 문제를 통해 사고력을 키우는 것이 우선시 되어야 하므로 일단 답안지 없이 문제를 푼다면 그것이 가장 이상적일 것이다.

그러나 답안지를 안보는 것이 반드시 좋은 학습인 것만은 아니다.

답안지 풀이가 정말로 수학 학습에서 필요 없는 것이라면 애초에 만들지도 않았을 것이고 답안지가 문제 푸는데 항상 필요했다면 모든 문제 아래에 반드시 풀이를 넣어줬을 것이다. 즉, 답안지라는 것을 적절히 활용하는 것이 정답이라는 소리다.

가급적 답안지를 보지 않고 혼자 해결하려고 노력하는 것이 좋겠지만, 만약 답안지를 본다면 어떻게 봐야 하는가?

우선 가장 중요한 태도는 답안지를 볼 때는 문제와 풀이과정을 읽으면서 제공된 내용의 의미를 고민해보고, 개념이 어떻게 적용되어 문제가 풀리는지 능동적으로 생각을 하면서 읽어야 한다.

두 번째는 풀이를 보기 전에 반드시 필요한 만큼의 고민을 해보는 시간이 필요하다(나름 아이들이 정한 규칙으로서 예를 들어, 최소한 한 번 풀어보고 모르거나 틀릴 경우, 또는 한 번 더 풀어보고 난 후 등)

세 번째, 전체를 무조건 읽어 내리지 말고 첫 줄부터 나의 풀이와 비교해 보면서 본다.

네 번째, 틀린 부분이 발견되거나 내가 생각지 못한 부분을 찾아내면 바로 답안지를 덮고 그 문제를 스스로 풀면서 마무리한다(대신에 내가 생각지 못했거나 틀린 부분을 체크해 둔다).

그리고 풀이 전체를 다 읽었는데도 이해가 안 갈 경우는 문제와 답안지의 풀이를 다시 비교해서 읽어보고 그래도 이해가 안 가는 문제는 질문한다.

또한 어느 정도의 양을 공부하다가 답안지를 봐야 하는가에 대한 대답에는 딱히 정해진 것이 없다. 한 문제를 풀다가 몰라서 보든, 한 페이지를 혼자서 일단 다 풀어보고 난 후 답을 맞춰보고 틀린 문제는 한 번 더 풀어보고 난 후 답안지를 보든 간에, 자신의 공부하는 스타일이나 수준, 상황에 따라 다를 수 있다. 어느 정도 기간(또는 분량)의 간극을 두고 답안지를 보아야하는 것은 그다지 중요한 문제가 아닐 수 있으며 더 중요한 것은 답안지를 보는 방법(자세)라 할 수 있다.

어쩌면 어떤 아이는 남들보다 좀 더 답안지를 더 자주 봐야 하는지 모른다. 그러나 괜찮다. 언젠가 조금 더 수학이 궤도에 오르고 자신감이 붙으면, 답안지에는 최소한만 의지하고 못 푼 문제의 몰랐던 부분만 살짝 보는 단계에 오를 것이다.

어떤 책으로 수학공부를 해야 하는가?

그다음 학생이나 학부모한테 받는 질문 중 하나가 '어떤 책으로 공부해야 하나?'이다. 일단, 교육과정이나 교과서는 아이들의 지적 발달 수준에 맞도록 짜인 규준이다.

따라서 초등학생에게는 교과서와 익힘책이 가장 좋은 학습서가 된다. 그리고 추가 문제집 선택은 개인적 성향에 따라 다르다고 말할 수 있다.

문제집의 양 역시 아이의 상황에 따라 다르다. 많은 문제집을 풀면서 다양한 문제를 풀고자 하는 아이가 있을 수 있고, 단 한 권의 문제집이라도 완벽하게 풀어나가면서 다져나가는 것이 필요한 아이도 있다. 그 쓰임새나 효과도 각각 다르다. 전자는 문제에 대한 적응력과 숙달 면에서 효율적일 수 있고 후자는 내용을 밀도 있게 공부하거나 아이의 자신감을 높이는 면에 효율적일 수 있다.

두 방법 모두 상황에 따라 다르게 사용할 수 있으나 무조건 다양한 문제만 접하다 보면 정작 잡아야 하는 기본 원리들을 잘 이해 못한 채 어려운 문제로부터 수학에 대한 두려움과 상실감을 가질 수도 있다. 따라서 처음에는 기본적인 한 권으로 철저하게 풀어 보면서 틀린 문제를 반복해서 풀고 더불어 기본 원리들의 적용을 어떻게 하는지 알고 난 후, 보다 다양한 문제들을 접하면서 풀어보도록 한다.

관찰내용

중학교 1학년 학생이 난이도가 높은 문제만 모아 놓은 문제집을 풀고 있다. 중학교 1학년 학생들이 풀기에는 적합하지 않은 함수 문항을 다루고 있다(함수식을 조작하는 문제이며 수열과 집합을 선행학습 한 학생한테 유리한 문제임). 학생은 문제에 몰입을 하지도 못한다. 초등학교 3년생 학생은 기호 조작 문제를 풀고 있는데, 주어진 문제를 이해하고 풀기엔 한계가 있어 보인다.

코멘트

시중에 나와 있는 문제집들의 종류는 매우 다양합니다. 다양한 것 까지는 좋은데, 때로 교육과정을 넘어서는 문항들도 많이 수록되어 있기도 합니다. 어떤 문항은 선행학습이 되지 않은 아이들은 이해하기 쉽지 않고, 또 어떤 문항은 '평가문항의 의도나 목적이 적절치 않은 것도 있는 것이 현실입니다.

위 사례자인 경우 중학교 1학년이 $f(1)=2$일 때, $f(a+b)=f(a)+f(b)$, $f(2n+1)=(-1)^n$ 와 같은 식을 이하해기는 어려울 수 있으며, 초등 3학년 사례자인 경우에도 ㄱ*ㄱ=ㄱ + ㄱ + ㄴ 같은 문제는 기호에 대한 이해를 요하는 문제라 3학년의 인지적 수준에는 적합하지 않습니다. 이 아이의 경우, 수를 분해해서 계산하는 문제 대부분을 틀렸는데 이러한 문제는 분석적 사고와 대수적 사고를 요하는 문제라 어려운 것이 당연합니다.

덧셈과 뺄셈 활동을 구조화 시켜서 평가하는 문제를 꼭 풀어봐야 할 때에는 3+9와 같이 간단한 수의 앞의 수와 뒤의 수를 분해하여 계산하는 것을 구체물(모델)을 통해 이해하고 수를 조작할 수 있는 정도면 충분합니다.

문제가 무조건 어렵다고 아이들이 도전할 수 있고 몰입할 수 있는 것이 아닙니다. 교육과정 수준을 넘어선 문제를 다루는 것은 도움이 되지 않고 수학에 대한 자신감만 떨어뜨릴 수 있으므로 아이에게 적합한 문제집을 풀 수 있도록 하는 것이 좋습니다.

초등 저학년을 위한 '하자'

- 성공 경험을 부여하자.
  (스스로 할 수 있도록 하며, '와~ 이런 것을 해 냈구나' 라는 것을 느끼게 한다.)
- 칭찬하자.
  (아이의 장점을 부각시켜 주며, 노력을 칭찬하고, 구체적으로 칭찬한다.)
- 지식의 양이 아닌 능력을 키우자.
  (새로운 지식을 이해하고 적용하는 능력에 초점을 둔다.)
- 개념을 잘 이해하고 있는지 확인하자.
  (수학 용어에 대한 이해 등 기초적인 수학 개념에 대한 이해를 시도하는 시기이므로 개념을 무조건 암기한 것인지 이해한 것인지 확인한다.)
- 생활에서 틈틈이 어림셈을 하자.
  (수 감각 및 수 관계, 수 계산을 발달시키는 시기이므로 시장, 문구점, 완구점 등에서 물건을 사면서 어림셈을 해보도록 한다.)
- 답이 맞고 틀리기보다는 충분히 생각하는 것을 격려하자.
  (공부 속도를 늦추고, 속진, 심화 보다 기초를 튼튼히 하는 것을 우선시한다.)
- 수학이 어디에 쓰이는지 수학공부는 왜 하는지 알게 하자.
  (생활에서 수학을 활용하는 감각을 발달시키는 시기이므로 일상에서 수학과 친해지도록 한다.)
- 다양한 교구와 구체물로 수학을 경험하게 하자.
  (수학이 궁극적으로 머릿속에서 추상화하는 것을 목표로 하지만 다양한 경험을 통해 서서히 추상화해 나갈 수 있도록 교구나 구체물을 가지고 조작 활동을 병행하도록 한다.)

초등 고학년과 중학생을 위한 '줄이자'

- ► 타인에 의해 배우기만 하는 공부 시간을 줄이자.
  (인강, 학원 강의, 학교 강의 등 강의만 많이 듣는다고 수학실력이 느는 것은 아니다. 모르거나 틀린 것을 체크하고 혼자서 다시 공부할 수 있는 습관을 들인다.)
- ► 낭비되는 문제집 수를 줄이자.
  (간단한 문제집이라도 한 권 정해서 풀어보며, 자신이 알고 모르는 것을 분명히 파악하도록 하자.)
- ► 어려운 문제로 좌절하는 시간을 줄이자.
  (기초 기본 능력 키우기가 중요하다.)
- ► 게임이나 휴대폰 사용 시간을 줄이자.
- ► 혼자 책을 읽거나 공부할 수 있도록 학원을 줄이자.
- ► 시험에 나올 만한 것만 공부하는 습관을 줄이자.
- ► 부모님을 위해 억지로 공부하는 시간을 줄이자.
- ► 구체물에 대한 의존성을 줄이자.
  (추상화 사고를 본격적으로 하는 시기에 접어들므로, 구체물은 연결성을 확보하는 정도로 활용한다.)

고등학생을 위한 '늘리자'

► 집중 시간을 늘리자.

► 반복하는 시간을 늘리자.
(오개념, 틀린 문제 등에 대해)

► 혼자서 풀어보는 시간을 늘리자.

► 개념 이해에 투자하는 시간을 늘리자.

► 교과서로 공부하는 시간을 늘리자.

► 학습 동기에 대해 생각해 보는 시간을 늘리자.

► 풀이과정을 정리하는 시간을 늘리자.

► 자기 점검 시간을 늘리자.
(목표와 계획 등의 체크)

► 자신의 수학공부 전략에 대한 효과성 점검을 늘리자.

► 자투리 시간을 활용한 학습을 늘리자.

찾아보기

고호경교수가 들려주는

학부모와 학생을 위한 **수학 학습 심리 이야기**

초판발행 2019년 5월 20일

지은이 고호경
펴낸이 오판근
펴낸곳 (주) 교우
주　소 서울시 동대문구 약령시로 8 교우빌딩 2층 (주)교우
전　화 02-925-2861 / **팩　스** 02-925-2860, **편집부** 02-925-2825
홈페이지&북스토어 www.kyowoo.co.kr / **이메일** kyowoo@kyowoo.co.kr

등　록 1994년 3월 24일 제1994-000013호
ISBN 979-11-251-0292-2 (93410)

Published by Kyowoo Co., Ltd. Printed in Korea

값 10,000원

교우미디어는 (주) 교우의 Imprint 사입니다.
수학정원·과학정원은 (주) 교우의 새로운 브랜드명입니다.